制度人性化
人性异化
心灵的暗箱
事实的诗意

现代口语诗可以这样读

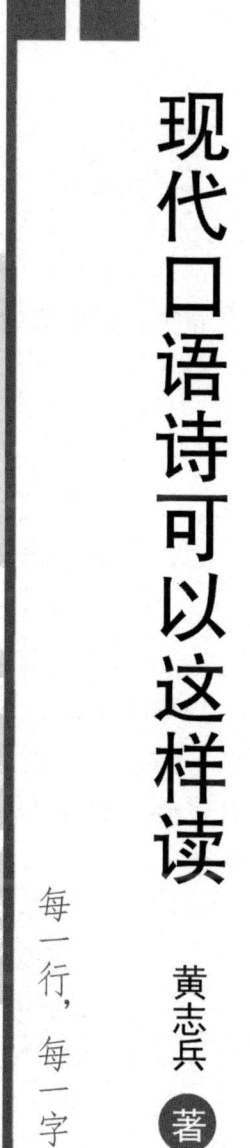

每一行，每一字

黄志兵 著

人生的瞬间理解和刹那感悟
用自我的方式与世界和解

春风文艺出版社
·沈阳·

图书在版编目（CIP）数据

现代口语诗可以这样读 / 黄志兵著 . — 沈阳 : 春风文艺出版社，2024.6
ISBN 978-7-5313-6711-6

Ⅰ. ①现⋯ Ⅱ. ①黄⋯ Ⅲ. ①诗歌－朗诵－语言艺术 Ⅳ. ①H019

中国国家版本馆 CIP 数据核字（2024）第 087391 号

春风文艺出版社出版发行
沈阳市和平区十一纬路 25 号 邮编：110003
廊坊市海涛印刷有限公司印刷

责任编辑：仪德明	助理编辑：余　丹
责任校对：张华伟	印制统筹：刘　成
装帧设计：百悦兰棠	幅面尺寸：170mm×240mm
字　　数：200 千字	印　张：15.5
版　　次：2024 年 6 月第 1 版	印　次：2024 年 6 月第 1 次
书　　号：ISBN 978-7-5313-6711-6	定　价：78.00 元

版权专有　侵权必究　举报电话：024-23284391
如有质量问题，请拨打电话：024-23284384

序言

在昏沉的生活中加一点明矾
——致傲夫诗社的朋友们

我是他们中的一员,他们是我的伙伴。

他们,也就是我们,是生活中的打工人。我们以自己的方式奔波在每一个清晨黄昏,在春秋冬夏势不可当地搅动着生活的河流。

夜深沉,白天也并不明澈。昏沉也是一种存在状态,是一种在劫难逃的常态。但肉体的疲惫,并不能让跳动的心也沉沦于麻木之中。在时间的缝隙里,我们必须把自己交还给自己,必须看到存在的意义。或者说,必须有那么一段清醒的时刻,证明我们还有一片精神的领空,留给不可亵渎的灵魂。

尽管裹挟着泥沙,汩汩生命之水成为一条昏沉的河流。若我们加一点明矾,不也能在沉淀中,还一片明净于自己?照见自己,洞见自己,也不枉浮浮沉沉中依然还可以辨认自我的容颜,听见自我那最为真实的声音。

那一片明矾,就是诗。洗尽铅华,还原最为纯粹、最为朴实的词句,以简约口语的形式,呈现记忆、现状以及愿景,绘出人生的抛物线,也就构筑起属于心灵的叙事时空。

这些诗,很赤裸。因为我们抛开一切伪抒情。不需要用太多的经典意象和自己打哑谜。因为赤裸而纯粹,以赤裸的方式与自己和解,就是释然。

　　这些诗，很琐碎。因为我们抛开一切伪崇高。我们从来没有想要站在也没法站在上帝的位置，去赢得众生仰望的目光。因为琐碎而真诚，用琐碎的表达与世界和解，就是坦然。

　　这些诗，就是听惯了汽车鸣笛后邂逅的一声鸟鸣，就是夹缝生存中的一次奢侈的想象，就是忙碌一天后回到家里的一地鸡毛，就是你渴望逃离却又只能原地停留时的一声叹息……

　　这些诗，却可以让你读到流泪，读到莞尔，也读到燃烧。诗歌不再是浪漫飘逸，也不再是沉郁顿挫。诗歌也可以成为一种干干净净的独白。

　　你懂，就懂了。

　　你痛，就痛了。

　　你还将走进工地，走进写字楼，走进田间，走进你必须走进的生活……

　　但这些诗，一旦真真切切，一旦碰触敏感的神经，也同样可以掀动波澜，一样值得铭记和传诵。

　　傲夫，带着他的伙伴们，在红尘中找到一隅安静的角落，找到半亩方塘，用口语诗，捕捉生命不可暗淡的光芒！

目录

河流（组诗）/ 刘傲夫 ……………………………………………… 1

在灵魂的河流里泅渡——刘傲夫《河流（组诗）》选读……… 21

窗外鸟鸣 / 刘傲夫 ………………………………………………… 27

用诗歌让我们看见鸟鸣——读刘傲夫诗歌《窗外鸟鸣》……… 28

出身 / 刘傲夫 ……………………………………………………… 34

口语诗带来苦味的愉快——读刘傲夫诗歌《出身》…………… 35

叶下 / 刘傲夫 ……………………………………………………… 39

充满爱的男人才配拥有爱——读刘傲夫诗歌《叶下》………… 40

墙角的树 / 刘傲夫 ………………………………………………… 43

顿悟出新意，妙手成佳作——读刘傲夫诗歌《墙角的树》…… 44

石头 / 里所 ………………………………………………………… 47

镌刻灵魂纹路的石头——读里所诗歌《石头》………………… 48

三体人 / 后乞 ……………………………………………………… 51

对被折叠人生的无情解构——读后乞诗歌《三体人》………… 52

问佛 / 马亚坤 ……………………………………………………… 54

霍尔心开悟，湛然一切通——读马亚坤诗歌《问佛》………… 55

108个罗汉娃 / 莲心儿 …………………………………………… 58

度众生之外无佛法——读莲心儿《108个罗汉娃》…………… 60

在春天想起初恋 / 面面 …………………………………………… 63

财富和爱情，钵满盆满终成空——读面面诗歌《在春天想起初恋》… 65
于恺和黎洵 / 沈浩波 ………………………………………………… 68
爱就爱出个江湖习气——读沈浩波诗歌《于恺和黎洵》………… 70
十字路口 / 雪也 ……………………………………………………… 73
拼命，却只为活着——读雪也诗歌《十字路口》………………… 75
出名 / 雪也 …………………………………………………………… 78
男孩儿都有一个梦想叫船长——读雪也的诗《出名》…………… 79
捕星星的孩子 / 黄平子 ……………………………………………… 82
没有皱纹的童趣——读黄平子诗歌《捕星星的孩子》…………… 83
第一 / 黄平子 ………………………………………………………… 85
越简单，越丰盈——读黄平子《第一》…………………………… 86
躺平的父亲 / 谢胜瑜 ………………………………………………… 88
躺在精子的功劳簿上——读谢胜瑜《躺平的父亲》……………… 89
部队开会 / 谢胜瑜 …………………………………………………… 92
真男人的魅力——读谢胜瑜现代口语诗《部队开会》…………… 93
爱 / 江宁坪 …………………………………………………………… 96
懂得欣赏是一种本领——读江宁坪诗歌《爱》…………………… 97
一个中国烟民的情人 / 江宁坪 ……………………………………… 100
有意味的形式——读江宁坪诗歌《一个中国烟民的情人》……… 102
河流之上 / 杜思尚 …………………………………………………… 105
回归母体的河流——读杜思尚诗歌《河流之上》………………… 106
山岗上的松树 / 何枰 ………………………………………………… 109
每一个生命，都值得温柔以待——读何枰诗歌《山岗上的松树》……111

分家 / 何柈 …………………………………………………… 114

哐啷一声，爱碎了一地——读何柈《分家》 ………………… 116

人生最早的电影 / 王飞 ……………………………………… 119

男孩儿成长的节点——读王飞诗歌《人生最早的电影》 …… 120

第一张情书 / 西余 …………………………………………… 123

小狗般的恋爱，总让我们感动——读西余诗歌《第一张情书》…… 124

蜜蜂的心思 / 王若南 ………………………………………… 127

吹皱一池春水，干卿底事——读王若南诗歌《蜜蜂的心思》 … 129

鸟 / 蓝风 ……………………………………………………… 131

趣在诗中，各随所得——读蓝风诗歌《鸟》 ………………… 132

能强伯伯 / 孙锐 ……………………………………………… 134

像狗一样活着——读孙锐诗歌《能强伯伯》 ………………… 136

病根 / 张金虎 ………………………………………………… 139

苦难是生命的鲜艳印记——读张金虎《病根》 ……………… 140

开洒水车的表舅 / 寒玉 ……………………………………… 142

人可卑微，但不可滑稽——读寒玉《开洒水车的表舅》 …… 144

环保 / 崔后明 ………………………………………………… 148

制度若有温度——读崔后明诗歌《环保》 …………………… 149

吃亏 / 耿乐泉 ………………………………………………… 152

也谈吃亏是福——读耿乐泉诗歌《吃亏》 …………………… 153

搬运工 / 潜川 ………………………………………………… 156

荒谬是人生的底色——读潜川诗歌《搬运工》 ……………… 158

我盯着一把枪看了好久 / 王凤飞 …………………………… 161

荒诞比真实更真实——读王凤飞《我盯着一把枪看了好久》…… 162

夜行 / 送雨 …… 164

诗到语言为止，心在远方即美——读送雨诗歌《夜行》…… 165

古轵公园 / 张敬成 …… 167

善意提醒，大煞风景——读张敬成诗歌《古轵公园》…… 168

两个学校 / 李岩 …… 171

好诗是立体的——读李岩《两个学校》…… 173

思想品德课 / 王瑾 …… 176

老师千万个，他是这一个——读王瑾《思想品德课》…… 178

我的妈妈 / 柳平平 …… 181

附加值终结着母爱的神话——读柳平平《我的妈妈》…… 182

诗三首 / 林云心 …… 185

用口语诗构筑童话世界的男孩儿——读林云心的三首口语诗…… 187

屁交流 / 夜叉妹 …… 192

当屁声代替了交流——读夜叉妹《屁交流》…… 193

奶奶，孙子 / 冰何 …… 196

堂前尚有唤孙声，便是暖心天伦乐——读冰何诗歌《奶奶，孙子》… 198

飞翔 / 未了因 …… 200

三读《飞翔》，乐在其中——读未了因诗歌《飞翔》…… 201

那些年放风筝 / 亚亚 …… 204

孤独地奔跑和仰望，是诗人最美的姿态——读亚亚《那些年放风筝》… 205

中秋月圆 / 周向山 …… 208

望月是岁月的奢望——读周向山诗歌《中秋月圆》…… 209

望秋辞 / 杨张平 ……………………………………………………… 212
望见秋天明净的忧伤——读杨张平《望秋辞》 ………………… 213
春草 / 杜晓旺 ……………………………………………………… 216
命运是随影相伴的朋友——读杜晓旺《春草》 ………………… 217
新疆的棉花 / 安若 ………………………………………………… 220
暖若安阳，益然生机——读安若《新疆的棉花》 ……………… 221
请把文字翻译成花 / 阿楚 ………………………………………… 224
出自性灵者为真诗尔——读阿楚《请把文字翻译成花》 ……… 225
何以解忧 / 荒雨 …………………………………………………… 228
寻找更适合自己的诗歌表达方式——《何以解忧》创作谈 …… 229
跳不出诗人伊沙的磁场——写诗感悟 …………………………… 231

后记　口语诗：谁在起哄，谁又在歌唱 ……………………… 236

河流(组诗)

刘傲夫

1

一条白巾

围在了村的脖颈

老村

分外年轻

2

没有人比河流

更能洞悉人间的

冷暖了

她哗地横穿村庄

带来了你

不可知的命运

3

在河流里

我窥见了

从未见过的

曾祖父

他正摇橹

带着他的女人

过江

4

青山在

河水流

草木枯荣

人有生死

5

河流把自己

举向空中

又重重地跌下

它喘息着

翻滚着

它一生都试图

逃离被两岸

挟持的命运

6

爷爷踏入河流

走失了

奶奶也是

父亲来到无河的城市

在最后一刻

还是坚持回到

村庄

他踏入河流

不见了

7

河水流进了

我的血管

我再也

寻它不得

我听到

体内有

轻哗之声

鱼跃的

声响

8

河水不止

它供养着

生生不息的

爱情

和死亡

9

我将河流

当米线

妻子则将它

揉了揉

蒸成了

馒头

10

我脱光衣服

跳进了河里

成了鱼

鱼跃上岸

变成了人

11

没有人

能拦得住

对河流的

向往

这大地的

呼吸

12

控制一座村庄

首先控制它的

河流

你牵着河走

村庄

就跟着你走

13

村庄里的男娃

一定要找

习水的

女娃

这样就可以

一起

向东

向东

见到大海

14

杀死河流的

最好方式

是把周围的

村庄

拆迁了

河很孤独

很快心死

15

河水啸叫着

"不要拦我

不要拦我"

每一条河

都有使命在身

大革命

就要来了

16

吞噬掉一切

消化着

一切

咬不动

消化不了的

就扔在肚子里

前面还有

很多事

等着处理呢

17

奔流不止

永不回头

有心事的河流

出发前

定是接受了

什么人的

嘱托

和热望

18

每一座村庄

都有一条

河流

如果没有

你再查查

它的

地下水

19

一口井

能不能

称为河流

你看千万条

细流

涌向

井口

20

娶妻当娶

河流一样的

女人

当然

首先你得

成为

一座

青山

21

我们千万不能

因为

河流（组诗）

大海很脏

就停止了

前进的方向

22

成为湖泊

不是我们的

目的

彩虹

也是个

小插曲

奔流吧

倾泻吧

障碍是什么

是用来冲垮的

飞奔

飞奔

快

快

23

千百年来

人们使用了围堤

筑坝

或疏浚

河流自有

它的方向

费尽心机的

方法

效果总是

不大好

24

涉水而来的女子

每次约会

都充满刺激

这让后面的

婚姻生活

显得太过

平淡

甚至无聊

25

每一条河流

都有自己的

脾气

它们汇合在一起

组成一条

浩浩荡荡的

大江

需要多大的

彼此容忍

和磨合呀

26

水升到空中

变成蒸汽

它想逃离

河流的命运

冷空气袭来

它不得不

坠回原地

27

缘水而居的女子

她把期盼

拧成了

一条河

河水从远方来

濯洗她的足

之后

又去了

更远的

远方

28

你这

蛇一样的腰身

水一样的女子呀

29

少年在门前

河里

学的狗刨

遇到城里的

蛙泳 蝶泳

自由泳

好自卑

和尴尬

30

千万不要跟

河边长大的

少年恋爱

你不喜欢他

就躲得远远的吧

不然他迟早

会用他的韧性

耐力

温厚

宽广

把你

淹没

31

水边的女子

被水

清洗的脸

秋波眼神

噼啪的火焰

我的眼睛

从不敢

跟她们

对接

32

亲爱的

我们蹚过

多少条河流哇

最终

有了在一起

这种不易

我们要

好好珍惜

33

河流如血

我看到

流尽血液的群山

一座座飞了

起来

去了

我不知道的

地方

34

家乡的那条河

于我

是条皮带

我走到哪儿

就系到哪儿

35

每座村庄

都有那么一两个

跟河流攀谈的人

一个是傻子

一个是诗人

36

河流是一块幕布

村庄的悲欢离合

生生死死

都在它上面

放电影

37

杀死一条河

是容易的

一把火

就行

重建一条河

是艰难的

你要养育

大片大片的

青山

38

祖父在河的

上游问

今夕是何年

我正要回答

却再也找不到

他的踪影

39

在命运的河流里

你我都是虾蟹

想逃出它的手掌

要么来一场大旱

要么是一场决堤的

暴雨

40

天下水流是一家

河流（组诗）

所谓

井水不犯河水

是不可能的

41

飞流直下三千尺

那不叫

粉身碎骨

那是与心爱的人

一起玩

蹦极

42

那些逆流而上者

给同行人

带来阵痛

历史就是那么

残酷

记住的

往往就是他们

43

静水流深

不是我们的风格

是累了

想歇息

44

河流把每一座村庄

串起来

等时间的口

过来啃

45

"子在川上曰

逝者如斯夫

不舍昼夜"

太消极了

吾辈当

日夜兼程

不分时段

46

再也没有什么比河流

更适合形容

一个女子了

瀑布一样的头发

哗哗的笑声

她们饱涨的情感

等待着少年

去开闸门

47

跟河流恋爱

是危险的

你要有

全世界最好的

水性

且要面对

你已变老

她永远年轻

48

大画家

毛笔蘸满了

水墨

笔尖划过

大地的宣纸

万船竞渡

49

将河流倒立起来

就是雨水

缩小变短

就是两行

清泪

50

判断一条河

有没有志向

就看他

是不是痴迷

海腥味

51

千咏万叹

其实

河流就是

一股股

恶水

这其中

有你的功劳

也有我的份

在灵魂的河流里泅渡
——刘傲夫《河流（组诗）》选读

> 一条白巾
>
> 围在了村的脖颈
>
> 老村
>
> 分外年轻

以这首小诗开篇，刘傲夫为我们呈现出51首关于河流的组诗。组诗以"河流"为写作原点，用文字，用思想，用情趣，勾画出"河流的卷轴图"。

河流，永远是诗歌不能缺席的审美对象，或者说，诗人心中永远都流淌着一条河流。河流，和村庄，和生命，也和灵魂，融为一体，因而也就必然在诗人内心中产生化学反应，从而诞生无数关于河流的诗歌。这些诗歌，或是一朵浪花，或是一弯溪流，或是汤汤大水；这些诗歌，或是静静流淌，或是惊涛拍岸，或是一泻千里。而当这些诗歌以河流的多种态势呈现在我们的阅读视野，并以河流的方式浸润甚至湮没我们干涸的生命，让我们将痛感升华为美感，这些诗，就成为一种纯粹的美学。一如组诗第7首写道：

> 河水流进了
>
> 我的血管

我再也

寻它不得

我听到

体内有

轻哗之声

鱼跃的

声响

  傲夫的《河流（组诗）》正是以生命中关于河流的叙述，关于河流的隐喻，关于河流的抒情，关于河流的种种领悟，让我们听到血管里响起的声音。这样的歌唱，冲击着我们早已失却高度、深度和温度的现实之岸。

  我一直想在傲夫这51首诗歌中寻找一条主线，从而可以更清醒地解读。殊不知，我们已习惯用传统的思维方式走进诗歌，以固有的认知图谱去对照诗人流动的精神河流，这本身就是读诗的误区。所有清醒的逻辑都不可能深入傲夫为我们提供的这一河流的世界；所有理智的分析，都让我们只能在河水中浅游，而不能全面勾画出诗歌中的精神谱系。努力着潜沉其间，涵泳其间，我依然有溺水的感慨，依然不能在水的深处，打捞更为具体的实物，只是一次次被冲刷后，让我有了对河的膜拜！

  而作为读者，我是固执的。我固执地希望随着这条河流的流淌、奔涌，能听清诗人口语化表达下的关于河流乃至关于一切外显形式下最原始的生命体验。继而，我想到了巴西作家若昂·吉马朗埃斯·罗萨的短篇小说《河的第三条岸》。

  故事讲的是一个本分的父亲在某天忽然异想天开地为自己打造了一

条结实的小船,挥手告别家人后,他独自一人驾舟在河流上漂荡,只需要儿子送来些简单的食物,别无他求。他并不停留在此岸或彼岸,只在第三条岸上漂荡。小说富有深刻的寓意,那就是更多的人生活在河流的两岸,满足于河边的春秋代序,满足于现实生活的花开花落,而根本不知道还有"第三条岸"的存在。而所谓第三条岸,不是一种物理空间有维度的存在,而是精神的空间,是灵魂的殿堂,是凡夫俗子、饮食男女难以触及的心灵的宽度和广度。

突然,我似乎找到了解读这组诗的密钥。透过傲夫的《河流(组诗)》,我开始选择性阅读,才发现组诗的内核正是"一颗不安的灵魂一直随大河流浪,一直在挣脱世俗的纠缠,而大河又昭示着诗人去寻找活着的意义,最终成为一个大写的人"。我听见诗人的宣言:

> 河流把自己
>
> 举向空中
>
> 又重重地跌下
>
> 它喘息着
>
> 翻滚着
>
> 它一生都试图
>
> 逃离被两岸
>
> 挟持的命运
>
> ——《河流(组诗)(第5首)》
>
> 成为湖泊
>
> 不是我们的
>
> 目的

彩虹

也是个

小插曲

奔流吧

倾泻吧

障碍是什么

是用来冲垮的

飞奔

飞奔

快

快

——《河流（组诗）（第 22 首）》

被裹挟的人生，本就是挣脱裹挟的突围；冲破障碍，才是人与自我、人与命运最激烈的抗争。"若为自由故，二者皆可抛。"岂止是二者，自由是人类最崇高的呼唤，追求自由也必将勇于抛开一切。承受生命不可承受的痛楚，才能抵达心灵难以抵达的自由而澄明的境界。于是，诗人不再是普通人了——

每座村庄

都有那么一两个

跟河流攀谈的人

一个是傻子

一个是诗人

在灵魂的河流里泅渡——刘傲夫《河流（组诗）》选读

——《河流（组诗）（第35首）》

诗人成了傻子，成了疯子，成了一个愿意和河流攀谈的人。当他在与河流对话的时候，他已经把一个俗不可耐、无法洗净的世界抛在了身后，就像海子"面朝大海，春暖花开"一样。海子并没有给予我们"春暖花开"的唯美许诺，因为我们不要忘了，海子是"面朝大海"，大海并不会给予我们"春暖花开"的诱惑，那只是身后大地的风光，属于海子身后的"在尘世获得幸福"的陌生人。"面朝大海"，是风暴，也是苍茫，更是悲凉！只有疯子、傻子，只有真正的诗人，才有这样人生痛苦体验的结晶，才有这样无畏的舍弃，才有这样悲壮的归宿，才有山海关铁轨上殷红鲜血绽放的花朵。

那些逆流而上者

给同行人

带来阵痛

历史就是那么

残酷

记住的

往往就是他们

——《河流（组诗）（第42首）》

逆行者往往是不被人理解的，甚至因其逆行，可能会反衬出"顺行者"的卑微，并在卑微中可能萌生出羞耻感，可能带来某种阵痛。普通人，活一次已经十分艰难了，我们不能用崇高去苛求他们。但既然选择了做诗人，做有灵魂的诗人，就应该让大浪淘沙的历史河流，将这些诗人冲刷成闪烁光芒的真金。

跟河流恋爱

是危险的

你要有

全世界最好的

水性

且要面对

你已变老

她永远年轻

——《河流（组诗）（第 47 首）》

所以，只有有灵魂的诗人，才可以和河流来一次最彻底的恋爱。虽然河流"永远年轻"，诗人终会老去，但诗人留下的诗歌不会白发苍苍。

将河流倒立起来

就是雨水

缩小变短

就是两行

清泪

——《河流（组诗）（第 49 首）》

河流的"两行清泪"是什么？怕只有一直泅渡灵魂河流的诗人才能品尝到其中的味道。那已不是舒婷在《思念》中所写的"也许藏有一个重洋/但流出来/只有两颗泪珠"那种"忧伤的美丽"般温婉缱绻了。

掩卷而思，我不知道我是否读懂了刘傲夫。但"诗无达诂"，我用我的理解方式去阅读，最终是激励我也能在命运的河流中流浪，寻找属于我的"河的第三条岸"！

窗外鸟鸣

刘傲夫

姐姐穿着碎花裙子
一路笑过来的样子

用诗歌让我们看见鸟鸣

——读刘傲夫诗歌《窗外鸟鸣》

刘傲夫一首《窗外鸟鸣》，给当代诗坛带来惊喜，却也引来无数争议。视之如珍品者，认为该诗"提纯特点，清脆而又明亮"。视之如垃圾者，认为该诗"不符合现代汉语语法，不合常理，根本称不上是诗"。其实，一首诗若能引来诗家争鸣，是诗坛之幸。但是，一首诗若让众人趋之若鹜，乱加点评，则是艺术的不幸了。

鸟鸣，是宣告春天到来最动听的啼唱。一如破土而出的嫩芽，让我们在历经寒冬后，用一丝绿意让视觉为之一亮。鸟鸣，让我们走过哑然的季节，空寂的原野传来一声清脆，顿时让耳朵怀孕，便有一江春水流过我们沉睡的心田。

鸟鸣，天然属于鸟的语言，但天籁入耳，人们就有了属于自己的倾听和解读。一如著名诗人伊沙曾写了一组关于鸟鸣的诗歌。他说，鸟鸣是"二维码""马赛克"，是"天国密电码"。每一个人都是翻译家，都有属于自己谛听鸟鸣后的"读后感"。伊沙又说，"鸟儿争鸣，诗岂能无声"。鸟鸣一旦进入诗人灵敏的耳朵，诗人一旦用一颗诗心和鸟鸣对话，便有了诗人的再现方式。诗人的再现，则是审美的再现，是突破程式化叙事的个性化、诗意化的再现。

"春眠不觉晓，处处闻啼鸟。"这是孟浩然笔下的鸟鸣，他更侧重于客观叙述,让读者体会到鸟鸣攻陷了春天的早晨。"千里莺啼绿映红,水村山郭酒旗风。"这是杜牧笔下的莺啼,他通过"视听结合",以夸张的方式凸现了春天已在天地间婉转千里。杜甫的"感时花溅泪,恨别鸟惊心"和"留连戏蝶时时舞,自在娇莺恰恰啼",那则是人生不同境遇下,"鸟鸣"带给诗人不同的或悲或喜的心理感受。这些"鸟鸣"诗句,之所以流传千古,正在于诗人用自己的耳朵倾听,用自己的文字表达,同时又令读者在咀嚼诗句中达成了生活和精神上的某种契合。

古典诗歌中,写鸟鸣的经典名句俯拾皆是。诸如"二月湖水清,家家春鸟鸣",又如"喧鸟覆春洲,杂英满芳甸",还有"入春解作千般语,拂曙能先百鸟啼",以及妇孺皆知的"两个黄鹂鸣翠柳,一行白鹭上青天"。但在众多写鸟鸣的古诗中,金昌绪的一首口语诗《闺怨》,堪称精妙之至的诗作——

　　　　打起黄莺儿,

　　　　莫教枝上啼。

　　　　啼时惊妾梦,

　　　　不得到辽西。

此诗具有民歌色彩,阅读时没有字词障碍,无须翻译。而所谓民歌色彩,即诗歌语言来自民间,来自日常生活中的口语。口语诗的魅力之一正在于明白如话,浅显易懂。但口语诗又非口水诗。诗句是诗人对生活语言的高度提纯,是看似简单叙述下隐藏的"浑圆",是看似肤浅中潜存的"隽永"。一如海明威的冰山理论:"冰山在海里移动很是庄严,这是因为它只有八分之一露出水面。"海明威一部《老人与海》,初读不过是一个简单得不能再简单的"渔夫捕鱼"的故事,深度阅读,才发现它是"对一种即使一无所获仍旧不屈不挠的奋斗精神的讴歌,是对不畏艰险、不惧失败的那种道义胜利的讴歌",是一部关于人类命运的深刻寓言。我认为,金昌绪的《闺怨》,四句诗下,涌动的是一条血泪的河流,是一部古代征战让美好情感毁灭的历史。

一声黄莺啼,啼出了春天,啼出了泛滥的春思。而闺中少妇却要"打起",想要止住春天的放歌。原来是鸟鸣惊醒了"妾梦",原来是少妇好不容易在梦中前往辽西,即将与爱人梦中相会,却被这一声鸟鸣唤回了现实。全诗以层层倒叙的手法,最后才揭开了谜底,说出了答案。而最后的答案,又留下想象的空间:少妇为何梦辽西?所思之人为何在辽西?……我们将诗句拓展演绎,不就是一个曲折的故事?正如《唐诗笺注》所言:"忆辽西而怨思无那,闻莺语而迁怒相惊,天然白描文笔,无可移易一字。"这也正道出口语诗最本质的特点,即天然白描,用笔无须铺排;冷静叙述,情感无须外露;用字精简,力求以少胜多。正如"白开水"和"白酒"的区别,内在的溶质,决定了价值。

再回到刘傲夫的诗。"窗外鸟鸣"是诗题,也是叙述的对象,是表现的客体。"姐姐穿着碎花裙子 / 一路笑过来的样子"是诗歌内容,也是对客体的主观表现。我们首先应将诗题和诗句串联为一个艺术整体,才能将之构成一个完整的审美世界。北岛以"生活"为诗题,这一诗题不可谓不大;但全诗就一个字"网",不可谓不简。两者相连接,不可谓不妙。该诗让我们不得不承认人生其实就是"网中的挣扎"。仿佛陶渊明的"误落尘网中",每一个人都是眷恋旧林的"羁鸟",都是向往大江大河的"池鱼"。窗外的鸟鸣,一旦和穿着碎花裙子的姐姐、笑着的姐姐、一路走过来的姐姐连接起来,主客体融合,鸟和姐姐融合,鸟鸣和姐姐的笑声融合，其间不就荡漾着浓浓的春意吗？

陆游说："文章本天成，妙手偶得之。"刘傲夫这首妙手偶得的诗歌，得益于一个长期写诗的人"打通了任督二脉"，得益于找到了诗人心灵最高级的打开方式，那就是"五觉"自由开放后形成的交融一体。这也就是诗歌创作最具灵性的"移觉"。"移觉，也称通感，即感觉的转移和相通。心理学上叫感觉错移，指一种感觉超越了本身的局限而领会到属于另一种感觉的印象，就是把人们的各种感觉（视觉、听觉、嗅觉、味觉、触觉等）通过比喻或形容沟通起来的修辞方法。"譬如"红杏枝头春意闹"，一个"闹"字，视觉转化为听觉，成为千古名句。再譬如朱自清《荷塘月色》中"微风过处，送来缕缕清香，仿佛远处高楼上渺茫的歌声似的"，嗅觉转化为听觉，成为中学教材不可多得的"通感"实例。

刘傲夫将诉诸听觉的"窗外鸟鸣"，转化为诉诸视觉形象的"穿着碎花裙子的姐姐"，就完成了诗意的"移觉"。移觉，必须找到两者的"沟通点"，或者说"相似点"，本诗巧妙地抓住了多个相似点。"姐姐"，让人联想到姑娘，想到青春期的少女，恰如春天的小鸟。"碎花裙子"，不是旗袍，不是晚礼服。"碎花"，就是春天刚刚吐芽的花朵，就是鸟的羽毛上的点点色彩，富有乡土气息。而一个"笑"字，极为传神。少女的笑，应是生命中最不矫饰、最干净、最悦耳的乐音，这不正和春天鸟鸣一起构成了最美的合唱？再加上诗人用"一路"二字，让整个画面富有了动态之美，让我们在"一路鸟鸣，一路笑声"中感到了春天的生机。这样的盎然生机，不就是我们在一个最好的时代里体验到的春天之美吗？

刘傲夫"不经意间，完成了一次从听觉到视觉的转换"。听见鸟鸣，是常态；看见鸟鸣，则是创意。苏轼《赤壁赋》中曾写道："惟江上之清风，与山间之明月，耳得之而为声，目遇之而成色，取之无禁，用之不竭，是造物者之无尽藏也，而吾与子之所共适。"这是人与自然构建的舒适境界。但若能"耳得之而为形，目遇之而成声"，这应是人与自然相融后的最高审美境界了。汉语"听见"一词，并不只是"偏义复词"，应是"听中有见"，也是"见中有听"。所以，我认为"耳得之为听，目遇之为见，神会之才为听见"。傲夫正是给予读者一篇神会之作。

苏联诗人马雅可夫斯基说："诗歌的写作——如同镭的开采一样，开采一克镭，需要终年劳动。一个字，用得恰当就需要几千吨语言的矿藏。"英国大诗人华兹华斯说："凝练是一种将感情通过沉思的沉淀，再以一种平静的方式抒发的诗，而不是那种单凭才气、一任感情和想象无拘无束发挥的诗。"刘傲夫的《窗外鸟鸣》另一特点即是凝练。口语诗最忌啰唆，最烦铺排。打个最简单的比方，就是一滴露珠，可以折射太阳的光辉。

想起另一首写鸟鸣的佳作，那是王维的《鸟鸣涧》：

人闲桂花落，

夜静春山空。

月出惊山鸟，

时鸣春涧中。

四句诗，一句一画面，却启迪读者在一幅静谧的春山月夜图中，在"闲、静、落、空"四字里，去悟出一份禅意。当然，这首诗不是口语诗，但口语诗还可抵达更高的境界。《窗外鸟鸣》，极简的两句诗，却简出一个生动的世界。而这一简,又非概念化的简,而是形象化的,形象大于思维。简单的口语,却增加了更丰富的叙事可能,可以让读者演化出无数美妙、明媚的场景。这和散文不一样,读这首诗,我们很容易想起朱自清先生的名篇《春》。特别是文章结尾处写道:

春天像刚落地的娃娃,从头到脚都是新的,它生长着。

春天像小姑娘,花枝招展地笑着走着。

春天像健壮的青年,有铁一般的胳膊和腰脚,领着我们向前去。

但这是散文语言,即使分行断句,也不是诗。时下很多人嘲笑口语诗是"回车体",那是对口语诗极深的误解。著名评论家耿建华教授说:"散文如果是糖水的话,那诗就是糖精。"我想,这就是诗和散文最好的区别。或者说,这是口语诗和抒情散文最好的区别。

感谢诗人刘傲夫,让我们在品味诗句中不只听见鸟鸣,而且看见了鸟鸣。

出身

刘傲夫

他们围着一只笼子

正谈论着什么

我走过去

发现笼子里是一只

胖小熊一样的

才一个月大的

宠物狗

邻居小伙子说

"它妈妈可金贵了

身价至少 50 万

它妈妈的妈妈

是一只冠军狗

一次在领奖台上

给同样领奖的

一只公狗

给配上了

它妈妈的妈妈

是领导家的"

口语诗带来苦味的愉快
——读刘傲夫诗歌《出身》

　　口语诗因其类型化而成为诗歌中一种独特的存在。其类型化特征，正在于它是对传统诗歌的一种反动。口语诗力求挣脱"辞藻美""意象美""意境美""音韵美"等美学表现范式，同时也屏蔽了诗人自我的浪漫抒情，规避了天马行空的瑰丽想象，因此常被一些传统诗歌美学熏陶下的读者所诟病，甚至让仰望诗歌殿堂却终未拾级而上、登堂入室的人们大肆嘲笑其简单、肤浅。然而，如果说传统诗歌是精神绚丽的花朵，口语诗则是生活奔驰的轻骑。它以口语为载体，通过诗人对现实生活片段智慧的裁剪，用冷静机敏的叙述，表达诗人对人生的深度思考，并产生针砭现实的艺术价值。好的口语诗，诗人善于在揶揄、反讽中，为读者呈现一出生活的微喜剧。

　　口语诗建构的微喜剧，就是具体而微的喜剧，它属于一种艺术类型，也就成为一种审美形态，或者审丑形态（审丑是审美的另一种高级表现）。微喜剧归属于喜剧的美学范畴。亚里士多德在《诗学》中指出："喜剧的特征，即喜剧模仿的是比一般人较差的人物，所谓'较差'，并非指一般意义上的'坏'，而是指丑的一种形式，即可笑性（或滑稽），可笑的东西是一种对旁人无伤，不至引起痛感的丑陋或乖讹。"用鲁迅的话来说，就是"将那无价值的撕破给人看"。在撕毁中,披露荒谬悖理现象,讽喻无价值、反价值的东西,从而对正常的人生和美好的理想予以肯定。喜剧的艺术特征是"寓庄于谐"。"庄"是内核,是深刻的社会内容;"谐"是外在,是诙谐的形式。所以康德说,"在一切会激起热烈的哄堂大笑的东西里都必然有某种荒谬的东西"。而别林斯基指出:"可笑构成喜剧的特色。"微喜剧式的口语诗,将带给读者"一种带有苦味的愉快,一种肯定染上了痛苦色彩的快乐"。刘傲夫的很多口语诗作,并非像一些人所说的是"垃圾",也并非那样"不堪",反而是因具备了喜剧美学特征而成为不可多得的、值得咀嚼鉴赏的佳作。最近读到的刘傲夫的新诗《出身》,便不失为一出揭露人生荒谬的微喜剧。

  诗歌的标题可谓大而醒目。"出身"一词,让我们想到家庭出身,联想到仕途地位,甚至政治身份。想到魏晋时代的"庶族和士族",想到"八旗子弟",想到出身和人生的微妙关系……本以为诗人将给我们讲述一个宏大的故事,没想到他却大题小做,给我们娓娓道来一条小狗的"出身"。大题小做,本身就产生了陌生化效果,而"陌生化"正是喜剧常见的一种表现手段。

  诗歌一开始,诗人让我们看到"笼子里是一只胖小熊一样的、才一个月大的宠物狗"。"胖",足见这只小狗养尊处优,营养丰富,让它别于其他普通的狗。但诗人将之置于"他们"的谈论下。他们是谁?是什么敏感、好奇的心理,让"他们"可以围着一只"笼子",围着一只胖小狗如此津津乐道呢?悬念的设置,已调动了读者的阅读期待。这一悬念,也就让诗歌有了"戏剧感"。同时,诗句中似乎还隐藏着一个"笑点",那就是"他们"这一群人构成的格局,和谈论对象的渺小形成了反差,反差中又显现一种人生的无聊感,这便是"喜剧感"。

这时,诗人将镜头推移到"他们"中的一员——邻居小伙子。这可是个了不起的人物,或是"包打听",或是"见闻广博",他居然对这只小狗的出身可以如数家珍。诗人让"邻居小伙子"成为叙述者,用小说家莫言的叙述方式,开始为读者讲述一段关于"贵狗"的传奇。这也成了整首诗的主体部分,展现了关于一条狗的"狗生喜剧"。

"狗生喜剧"的喜剧元素颇多。

一是"金贵"一词,先声夺人,让大家知道此狗非凡狗,因为此狗有一个不得了的妈妈。"金"者,财富也;"贵"者,地位也。兼财富与地位于一身的狗妈妈,已让"邻居小伙子"语气中流露了何等的钦羡,怕也想沾得几分"金贵"之气了。

二是"邻居小伙子"开始追述"狗家显赫风光的家族史"。"它妈妈的妈妈,是一只冠军狗"。原来也算是"狗世名流",当然也赚得盆满钵满了。故事到此,读者已忍俊不禁。

三是关于狗家的"富与贵"联姻。诗人尚嫌此前讽刺力度不够,再让"邻居小伙子"继续讲述,让我们更为清楚地知晓"它妈妈的妈妈",在领奖台遇到了一只公狗,最关键的不是爱情,而是公狗"它妈妈的妈妈,是领导家的"。狗仗人势,我们都懂的。有些领导家的狗嘛,那自然是不好惹的。但若攀上姻亲关系,那也就高狗一等了。读者不禁会想起契诃夫《变色龙》关于"将军家的狗"的曲折情节,不禁体会到其间的幽默讽刺。

最后,抛开"狗的故事",我们又回到以邻家小伙为代表的"他们"。他们在谈论之余,其实在想什么呢?是否想起那句话——"条条大路通罗马，可有人一出生就在罗马"？这就留给读者更大的想象空间。诗人无须做过多描述和阐释，这正是口语诗冷峭、简洁的体现。

我们所生活的时代，需要宏大的叙事，需要澎湃的讴歌，需要唱响主旋律。但是，有时通过口语诗，欣赏一出人生荒谬的微喜剧，体味幽默讽刺的力量，在笑中获得理性的顿悟，也是对并不完美的人生做一些修复。

叶下

刘傲夫

妻躺在床上给书言喂奶。

这让我想到了：

腋下。

液下。

页下。

每一对词语都可以形容此刻的她俩。

一群羊在村口觅食，一棵棵长得过于茂盛的桑树，伸下了它们长长的枝条，羊们用小小的嘴和齿啃噬叶子。真是吃得毫无遮拦、涕泗横流啊，这天然的植物营养库！

每一对母女都是命中注定。

充满爱的男人才配拥有爱
——读刘傲夫诗歌《叶下》

傲夫，是一位先锋诗人，他狂，他傲，他睥睨红尘，他企图用诗句重新构建他的美学天地。但是，他在揶揄这个世界的同时，一旦和闪烁人性之光芒的美好境界相遇，却又无可救药地转身成为一个温情的男人，成为一名爱的歌咏者。读罢他的《叶下》，我只想说，这是一个真男人，一个充满爱的男人才配拥有爱。

男人其实多数是粗糙的，包括我。他们往往潜藏一种观念，那就是女人养儿育女就是她的事业，就是她的人生意义。我们讴歌女性之美，常停留于感官之美的描写，或是概念化的抒情。在傲夫的眼中，他看到了生活细节中闪烁的母性之光，看到了可以征服世界的最柔软又最值得用心灵去供奉的爱的神庙。《叶下》，便是他这一类型作品的代表。

开篇一句——"妻躺在床上给书言喂奶"。好一个"妻"，温婉而深切的称呼，爱意尽在一字之中；好一个"躺"字，一个女人就这样忽略了自己姿态的优雅，这样把自己躺成了大地，躺成了仅属于自己孩子所需要的无边无际的草原，让孩子拥有了属于只有母亲可以给予的一个温暖世界。

面对这一镜头，诗人从丈夫和父亲的视角，展开无数的联想——

充满爱的男人才配拥有爱——读刘傲夫诗歌《叶下》

这让我想到了：

腋下。

液下。

页下。

腋下，是一个温暖的城堡；液下，是生命给养的汩汩流淌。母亲，就这样构筑出爱的温暖港湾。不，诗人认为这还不够，谐音之后的"页下"，才是诗人独有的叙述方式——这是一页页稿签纸都无法倾泻的爱的诗句——"每一对词语都可以形容此刻的她俩"。这一句，已太过不能掩饰自己对母性光辉的赞美和崇拜，这也是对妻最高的褒奖。

杰出诗人妙就妙在不想在熟悉的节奏里写自己的心绪。他按捺不住的幸福，让他眼前呈现出最诗意的境界，而且他已没法去用分行方式来抒情了。心中是一汪江水，止不住流淌得没了章法。他突然改变了诗歌的抒情句式，用一段散句的形式去描摹一个男性诗人最干净、最有温度的世界——

一群羊在村口觅食，一棵棵长得过于茂盛的桑树，伸下了它们长长的枝条，羊们用小小的嘴和齿啃噬叶子。真是吃得毫无遮拦、涕泗横流啊，这天然的植物营养库！

诗人总爱把美好的一切与自然连接，傲夫同样在这一刻成了古典诗人。他再次在谐音中联想到"叶下"，用自然的场景为爱赋形，让我们再一次为这样纯粹的人性之美在天地之间找到了对接。原来，爱，是这样简单，又是这样一个充满了"天人合一"的审美境界。茂盛的桑树，就是母亲，就是海洋。那可爱的羊啊，可爱的孩子，你有福了。因为你有母亲，所以你有福了。你可以"毫无遮拦"，可以"涕泗横流"，因为只有母亲，可以让你任性，甚至贪婪，甚至无穷地索取！

诗人可以到此戛然而止，但情到深处，傲夫打破口语诗常规而卒章显志。他忍不住写下——"每一对母女都是命中注定"。这恰是我最泪目的一句话。这是宿命，也是生而为人的幸运。只有母亲是你唯一的故乡，只有儿女是你唯一的远方！今生今世，我为你母，注定我躺下成为你的世界；今生为女，注定我是你眼底唯一的温柔！

这一切，进入了一个懂得爱的男人的心中，才可能有这样毫不矫情的抒情。妻是幸运的，遇到一个懂得女人的男人。女儿是幸运的，遇到一个懂爱的父亲。这个男人是幸福的，只因为他可以把这一个瞬间，用诗句定格成了永恒之爱的瞬间。

充满爱的男人才配拥有爱！肩负爱的行囊，有多远的路途，就有多美的风光！

墙角的树

刘傲夫

附近工业园区

没有公厕

街边墙角的这棵树

经常就有游人

偷偷撒尿

这棵树就与

周围的树

区别开来了

长得郁郁葱葱

但你走近

会被它臊臭得不行

如果你是一位

观风景的人

远远看去

它确是最高最美

顿悟出新意，妙手成佳作
——读刘傲夫诗歌《墙角的树》

我一直认为，刘傲夫有很多优秀诗歌可以称之为教科书式的作品，譬如《窗外鸟鸣》，譬如《向日葵》，这首《墙角的树》亦当如是。这是他多类型诗歌中的一种，即当代咏物口语诗。而且诗人写这类诗歌，已臻佳境，让读者玩味无尽。

王昌龄认为，诗人有三思。所谓三思："一曰生思，二曰感思，三曰取思。"

"生思即搜索枯肠难于下笔后偶然得之。"傲夫是一个善于寻找的诗人。他在大千世界中殚精竭虑地寻找着精神与客观物象的契合点，一旦寻得，创作欲望喷涌而出。他发现了这棵墙角的树，因附近工业园区没有公厕，游人就经常在这棵树下撒尿，这构成了这棵树独特的生长环境和遭遇，"这棵树就与 / 周围的树 / 区别开来了"。唯其独特，所以进入了审美主体的视野，让审美主体对审美客体有了凝视的机缘。

"感思，是为情造文，有感而发。"审美主体力求规避前人之言，不愿拾人牙慧，就必须有属于自己的感悟，有自己视域下对物予以反复审视，从而形成别人所没有的审美。傲夫以"近观"与"远望"的角度，开始全方位对这一棵树进行观照，也因此而得到不同的感受。近观，它"臊臭得不行"；远望，"它确是最高最美"。于是诗人得到了有感而发的触点。

取思，即"搜求于象，心入于境，神会于物，因心而得"。审美主体的主观经验和审美客体相碰撞，一旦有了主客融会的"交叉点"，诗人顿悟出新意，灵感的火焰就腾空而起，待妙笔一落，就有了好诗。这棵树可谓"远美近丑"，假托这一物理属性、自然属性，赋予其人格属性和社会属性。这棵树，有了象征意义，它象征着生活中的某些人，也许远望见其惊艳，近观则令人恶心。那些高高在上令人歆羡的人物，那些镁光灯下光彩照人的人物，不是看起来很美，不是招摇于我们的生活中吗？这里也就不需再举例佐证了。

这样，傲夫"言人所未言，悟人所未悟"，使这一首咏物诗成了属于他的唯一，也属于咏树诗歌中别出心裁的上乘之作。

《墙角的树》之所以是教科书级别的，还在于这首诗不是意旨单一的咏物诗，不同的读者可能有不同的层面的领悟。

诗友墨仁读该诗，认为"远观之美，但近看则可能并非如此。树的隐喻在人，更是一种社会现象。远看、初识一个人而不走近前去真正了解他，你只能看到他呈现给你好的一面，但你真正了解他之后才会发现他不想呈现给你的另一面。在社会上，很多人都只做表面功夫，不真诚。但其实这也是人的本能，将最好的印象留给他人是每个人的期待"。

另有诗友从哲学的角度阐释，认为丑可以重构美。如若没有游客尿的滋养，怕也没有这棵树的郁郁葱葱。一如光鲜背后，历经了多少不为人知的、难以启齿的丑陋。但因有丑的铺路，才有了最后令人仰视的风景。

还有诗友说，真正成就美的，是孤独，是在他人厌弃转身后的安静生长。正因为长在墙角，并非高山之巅，并非游园中心；正因游客向它撒尿，人们掩鼻斥之，这棵树才得以与这个世界保持了应有的距离。因为臊臭，无人攀缘，无人折枝，这是不是其他树木得不到的幸运？承受一份孤独，而孤独终将绽放一种别人最后高攀不起的美。

  不管哪一种诠释，尽管可能牵强附会，但也仁者见仁，智者见智，足见文本的立体性。一首好诗本该是立体的、多向的，本该有丰富的解读空间，这样才经得起岁月考验而成为新的经典。

石头

里所

鹰和秃鹫在它上空飞过

佛学院的诵经声也日日被它听见

叫吉珍措的女孩儿捡起它

递给我

五年前从色达河谷

带回的这块石头

像一只被压扁的微型牦牛

先做了镇纸

又做了香皂托

后被扔在一个角落

昨天重新把它刷洗干净

褐色的石肉上

玉质的白线纹更加明晰

尤似仍在生长

这些雪山的油脂

高原的筋

镌刻灵魂纹路的石头
——读里所诗歌《石头》

如果说灵魂和身体总有一样在路上只是人生的远行，那么灵魂和身体都在圣洁的远方，就是膜拜。

诗人里所，我不知道你以什么样的方式来到了色达，但我知道，你在一颗石头里看到了一个民族灵魂的纹路，而你的诗句在精神升华中，也熔铸成一枚散发光芒的石头，完成了你一个人的朝圣。

色达，其实离我的家乡康定很近，但我一直不曾前往。直到有一天，我发现自己愈加不能自持于红尘之中，才终于得以与那一片广袤大地撞个满怀。四千多米的高海拔，让我头疼欲裂，让我的肉体仿佛坠入了地狱，但我的眼睛，一直向上，向着那头顶湛蓝的天堂。我也第一次彻底地解开了沉重的捆绑，去阅读那每一粒石头镌刻的神秘，汲取这片信仰之城涌动的精神力量，最后任凭心灵放归于金色牧场。

是的，我拾起了一枚石头，和你诗歌中那位叫吉珍措的女孩儿送你的一样。吉珍措，多么美丽神奇的名字，藏语中，"吉，指一切；珍，指解脱；措，指大海。吉珍措指一切众生解脱苦难之后得到快乐犹如大海"。也指"全解湖"，是指有可以把众生解脱的能力和加持力的湖泊。那这位女孩儿一定是雪山圣湖长养的仙女，干净、清纯，才会将这样一枚石头赠予你。也许，她是期待来自远方的诗人你，能接住一枚石头,也接住了石头凝聚着一座高原大陆的精神品质。

是的,这是一枚高原的勋章,是一部民族史诗浓缩的精华!

正如你诗歌中所写,"鹰和秃鹫在它上空飞过",鹰和秃鹫与石头,一起见证了天葬台书写的最为古老而又最为庄严的生命告别仪式。灵魂进入新的轮回,那么将自己的皮囊喂养苍穹飞舞的鸷鸟,那才是凡尘肉身最清洁的归宿。

也如你说,"佛学院的诵经声也日日被它听见"。这一枚石头,这里所有的石头,都听见了那六字箴言,听见了望众生离苦得乐的祈愿,听见了天地间、宇宙中的大能力、大智慧、大慈悲的颂唱。这石头,和这里生生不息的子民一样,欣然停泊于佛温暖的掌心,悦然灿烂于五彩的佛光之中。

是的,你手握的这块石头,"像一只被压扁的微型牦牛";我放在左胸膛口袋里的那块石头,更像一朵怒放的格桑花。牦牛,高原之舟,在风雪中定格了伟岸的品格,这正是一个民族强悍的象征;格桑花,鲜艳如火,在大地上擎起生活的热望,这正是一个民族鲜活的姿态!

请原谅我也曾没有完全读懂这块石头的高贵,带回家,将它随意搁置一方,然后忘记了它;也请原谅诗人你,不曾知道这块石头的意义,你将它"先做了镇纸,又做了香皂托",之后还"扔在一个角落"。但是,我坚信,隐忍却从不失去尊严,隐忍本身也就成就了一种高贵。这无垠草原延展的胸怀,这嶙峋高原锻造的个性,永远属于这些石头。终有一天,我们将再次郑重地捧起它们,于是我们都看到了,看到了——

    褐色的石肉上

    玉质的白线纹更加明晰

>   尤似仍在生长
>
>   这些雪山的油脂
>
>   高原的筋

  玉质的白线，终不会被岁月风化，反而将更为清晰，因为这是一个民族灵魂的纹路。这雪山的油脂，将更为滋润；这高原的筋，将更为强劲。是啊，诗人，你发现，它一直在生长，一直在沸腾滚烫的血液。

  我们将它放在耳边，一定能听到铿锵的马蹄声；我们紧紧握住它，便能触摸到它的心跳。我们将它紧贴胸口，我们的心，也将与它的心一起，更有节奏地跳动。那么，当我们再行走于这世界，目光必将更为澄澈，步履必将更为从容，身姿必将更为傲然！

三体人

后乞

白天把自己放到工位

眼看着一点点脱水

晚上浸泡在出租屋

慢慢恢复人形

梦比现实湿润

每天早上醒来

都怀疑尿了床

对被折叠人生的无情解构
——读后乞诗歌《三体人》

刘慈欣的《三体》是一部火遍全球不可多得的科幻小说，而后乞诗歌《三体人》，则是一首对人生无情嘲讽又极有深度的先锋诗歌。

该诗充满趣味，趣在将科幻小说中的三体人与现实自我巧妙结合。科幻中的三体人从结构上分析，身体能够脱水，脱水之后变得柔软，容易折叠，没有骨骼。这类似于动漫片中的海绵宝宝，类似于水母一样的腔肠动物，或是章鱼一样的软体动物。三体人具有不死基因，能在恶劣的生存环境中存活。诗人发现自己也是三体的，白天工位上的自己，晚上出租屋中的自己，还有梦中的自己。但具有三体的自我，是分裂的、变形的，每个人只能在不同时间段拥有其中的一面，另外两面将被折叠。将人变形折叠，有了科幻带来的某种乐趣。

但该诗让人乐不起来，则又在于该诗具有隐喻性。"白天把自己放到工位／眼看着一点点脱水"，这就是我们的生存状态。你像一个物体，放在了你现实的位置，你没有任何权利改变这一切，尽管这不是你追求的位置，不是你对人生的憧憬，但你必须让自我物化，而且让这一物化的过程主动化、自觉化。同时，生活的残酷就在于你还得看着自己"脱水"，看着自己失却了所有的鲜活。当你回到属于你的天地，一方租赁的小屋，你才暂且可以把如同泄气气球的自己，吹上一口气，暂且可以

对被折叠人生的无情解构——读后乞诗歌《三体人》

将海绵一样的自己,在浸泡中恢复人形。这时,你看到了被折叠的自己作为人的另一面。也只有在这时,你才发现自己可以这样有血有肉,饱满丰盈。在白天和晚上的反差中,你会发现,你只想做一个真实的自己有多难。可我们还有被折叠的梦,它是湿润的,是带着露珠的期待,是春雨氤氲的生命最美好的气息,也是充满了情欲的河流。但这一切,只能在梦中,一旦醒来,现实逼迫你怀疑自己怎么还有这样的精神奢靡?你还得回到你的工位,还得再一次次目睹被脱水后的干瘪与沧桑。

这首诗具有鲜明的先锋色彩。其中最具先锋色彩的地方,还不是对人生现实处境无可奈何的喟叹,也不是对自我分裂出双重人格的同情,而是在对被折叠人生无情解构中解构了我们心中最美的梦。诗人每天早上醒来,想着昨晚的梦是那么湿润,他竟然不敢相信那是自己的梦,竟然"都怀疑尿了床"。这才是现代诗的诗句。看似不相连的两样东西,梦与尿,诗人这般突兀又自然地构成了比喻。这是后现代的比喻,是解构主义的比喻,是奇妙的比喻。这一比喻,让我们突然发现,所有的梦在枯燥乏味的人生里,变得那么不值。

《人间失格》中有一句话触动人心:"生而为人,我很抱歉。"这句话有各种理解。但我在想,生而为人,抱歉什么?卡夫卡说:"一个人的使命就是使他成为他自身,成为一个真正的人。"但是,当我们连"成为自己"的使命都无法肩负的时候,人不能成其人而存在,不能以完整的自我形象行走在这世上,那才是最该抱歉的。

问佛

马亚坤

我盘腿

在床上打坐

听到屋内响起

梆梆梆的木鱼声

瞬间　清醒过来

哦　是钟表

嗒嗒嗒的声音

原来我佛

昨晚睡在那里

今早

他醒了

霍尔心开悟，湛然一切通
——读马亚坤诗歌《问佛》

仓央嘉措在问佛，他明白了"悟道有三阶段：勘破、放下、自在"。

佛门弟子也在问佛，佛陀说，舍利佛的心，就像鼓一样，空空如也，大叩则大鸣，小叩则小鸣，不叩就不鸣。

诗人马亚坤同样在问佛，他最终发现：原来我佛，睡在钟表嗒嗒嗒的声音里。

问佛求开悟，开悟何其难。

人生太多执念。"我执"，让我们的心蒙上了尘埃，所以我们勘不破，放不下，故而不自在。我们无法做到"心如空鼓"，也无法参透佛在万物，佛在永恒的时间里，我们也就不断地远离了佛心，贪、嗔、痴、慢、疑、见，让我们成了尘中客，成了凡夫俗子。

开悟何其难，但求能开悟。

开悟之后，我们已不只是为活着而活着，而是欣赏着我们的活着，所有的苦痛都有了皈依，漂泊的精神也就有了敞亮的抵达。

但求能开悟，如何能开悟。

我们常认为，欲求开悟，需青灯古佛，遁隐红尘，灭了生命的欲求；或跪地匍匐，餐风饮露，历经万千艰辛。其实开悟在于不失本心。当你能认识世间最本质的存在，你就能豁然开朗，在生命的琐碎中剥离出来，成为真正的觉醒者。

要有这份开悟，我们需要在行走的匆忙中，给自己时间，去"坐"，去"思"。一如诗歌中说"我盘腿 / 在床上打坐"。我们多久没有以坐的姿态去面对生活了呢？曾读过朱以撒一篇散文《等待清洁》，很喜欢其中的两段话：

坐下来。它的意义非同寻常。坐着就是一种安顿，不只是姿势的，更是内心的。……有时，生计就是由无数仓皇的行履构成的，直到坐下，如归巢之雀，心像扇面展开，可以梳理。

为了心灵，古人那些静坐的、洗澡的、索默的，甚至无聊赖的时光支出，恰恰长久地支撑着生存的意义。只有有心人才会追溯深处的缘由，像渔家拉动海带一样，越拉越绵长，最终拉动的是整个大海。

我们可不可以多坐一会儿，就自己一个人。暂且在独处静坐中与心灵邂逅，你将不再觉得自己被一双无形的手裹挟得跟跟跄跄。这时你会像诗人那样，"听到屋内响起 / 梆梆梆的木鱼声"。你的心便如这木鱼，如空鼓，倒空了一切之后，唯一能存放的就只有时间。你清醒过来，生命之中还有什么可以像时间这样永恒呢？世间的一切，在时间的面前，不都是可以如释重负吗？而这一刻，你发现，"原来我佛 / 昨晚睡在那里 / 今早 / 他醒了"。原来我佛，一直在时间里闪烁着佛光，我佛一直在我们生命的每一秒中，只是你的灵魂是否醒来。佛醒了，实则是你醒了，你的开悟就是心理魔障的终结。若能一直持有这种状态，你就无须再问佛。

最初的你，看山是山；后来的你，看山不是山；最终的你，看山还是山。只不过，你可以更加明澈，也可以更加从容了！

这首诗，标题为"问佛"，其实诗人不是在问，而是有了自己的顿悟。诗人在写佛，实则是在写我们该如何安放我们不安的灵魂。如果我们都达到这样的境界，那便是六即佛颂所言——"霍尔心开悟，湛然一切通。"

108个罗汉娃

莲心儿

汶川地震
什邡妇幼院大楼成了危房

大量待产孕妇转移到隔壁罗汉寺
108个新生婴儿得以顺利出生

住持素全法师让人把两张禅桌拼一起
做手术床和病床
在寺内还破例杀鸡
为孕产妇提供充足营养

佛门本是
忌女色
忌血光
忌荤腥

如此一来

三戒全都破了

佛无定法!

度众生之外无佛法
——读莲心儿《108 个罗汉娃》

这是一则真实的新闻。

这是作为事件见证者吴京出演的一部电影。

诗人莲心儿《108 个罗汉娃》，用诗歌同样精彩地为我们转述了这令天地间动容并为之礼赞的故事。

诗人像一个新闻记者从现场传来报道——

汶川地震

什邡妇幼院大楼成了危房

大量待产孕妇转移到隔壁罗汉寺

108 个新生婴儿得以顺利出生

住持素全法师让人把两张禅桌拼一起

做手术床和病床

在寺内还破例杀鸡

为孕产妇提供充足营养

诗人的转述不是一气呵成，而是两次分行，这明显是在克制内心的激动。这是怎样的一个场面！灾难摧毁着大楼，吞噬着无辜的生命；寺庙变成了产房，成了108个新生婴儿的诞生地。鲜明的对比，已让我们陷入了深思，紧接着镜头聚焦在素全法师。这一刻，一位佛门法师成了救灾现场指挥若定的将军，将禅桌拼成手术床和病床，并为孕产妇杀鸡……这几句一气呵成，没有停顿，再现了法师突破一系列戒规的当机立断。

　　诗歌是靠形象说话的，追求事实的诗意。"艺术的深意往往在不合理处"。素全法师在危急时刻，敢"冒天下之大不韪"，这看似不合理之处，正包含了深刻内涵。诗人应将理解的权利交给读者，但诗人不避议论，就像司马迁写完本纪、列传，会加上一段"太史公曰"。当作者抑制不住内心的火山喷发，就会和每一位在场者、亲历者或者耳闻者一样，在事实之后，泛起灵魂的波澜——

　　　　　　佛门本是

　　　　　　忌女色

　　　　　　忌血光

　　　　　　忌荤腥

　　　　　　如此一来

　　　　　　三戒全都破了

　　　　　　佛无定法！

　　诗歌又是三次分行，三次停顿，我想应该是噙着热泪的三次哽咽。佛学叹人世皆苦，悟万物皆空，佛门本是远离红尘之地，须忌女色、忌血光、忌荤腥。此刻，大灾中的普度众生，让三戒全破。这已不是出世

61

哲学的体现，而是一种经世佛学、济世佛学，和孔孟救世哲学达成了一致，这一交集的焦点就是"至善"。"救人之外无事功，即度众生之外无佛法。"谭嗣同此语，正可用来做什邡罗汉寺这一幕最好的注释！

是呀，救人一命胜造七级浮屠。充满人性的佛性，让素全法师做出了最优决断。尊重生命，呵护生命，就是高于一切形式的慈悲，就是佛的教义闪烁出的最温暖的光芒。

所以，诗人最后说："佛无定法！"一个感叹号，足以表明诗人最庄严的顶礼膜拜！"108"，代表着佛法的圆满；108个孩子，是否也正寓意108个罗汉的重生？这108个罗汉娃的降生，与佛家有缘，与佛陀有缘，与佛法有缘。记得素全法师曾说："这些孩子长大后，也许他们很平凡，也许会做出很大成就，每个人就像一盏灯，有些人是十瓦的，有些人是一千瓦的，但不管怎样，他们只要能贡献，给别人带来光明，就不枉来此一遭。"我坚信，有一分光，将伴他们行走一生；行走一生，他们将不会忘掉出生时留下的最美胎记！

在春天想起初恋

面面

我的玩笑意义上的,初恋

上个月破产了

被列上失信人名单

准备要结婚的女朋友也跑了

他卖掉房子租了一个单间

身上只有现金,夜里睡不着觉

熬过最黑暗的日子后

才找我聊几句

我安慰他

你来北京吧,给你做好吃的

他说等我先从"限高"里出来

现在连飞机都坐不了

我们这位同龄人里走得最快的人

永远会借钱给我的人

感叹了一句

来得太快的财富,守不住

我的严肃意义上的，初恋

今天结婚了

晒出了幸福的照片

说他们在一起七年了

他们的猫也七岁了

我想起五年前一次同学聚会

大家在节日里回到故乡

醉后他亲了我一下

我装醉享受

真是对青春力挽狂澜的吻

徒劳得像后来的许多年

不可能里找可能

最后又都不可能

成都盆地

接住他的破产和他开花结果的爱情

我痛恨这个盆

那些年我心里涌起的强烈意愿

是漫出了整个盆地的

财富和爱情，钵满盆满终成空
——读面面诗歌《在春天想起初恋》

面面的这首诗，标题一下就将我吸引住了——《在春天想起初恋》。春天，总是在诱惑我们想起一切美好的事物，总是在催生内心最滋润的故事。初恋，那是张爱玲说的"将来是要装在水晶瓶里双手捧着看的"回忆，是歌德说的"唯一的恋爱"。在春天，想起初恋，那该如清澈而治愈的三月里两小无猜的身影，该是忧伤而明媚的人间四月天中情窦初开的莺莺燕燕。

好久没有读到这样唯美的词句了，尤其在追求"事实诗意"的当代诗歌语境下，我们一直在打破传统抒情式的桎梏，主张"去唯美""去矫情""去雕饰"，力求用生活的语言呈现人生最真实的一面。当我读完诗歌才发现，这首诗不是惝恍迷离的传统情诗，而是一首极为纯正的现代口语诗。作者不只是在怀念初恋或是初恋的那个人，而是让我们看到命运总不会按我们的期望出牌，人生唯一可以确定的就是不可确定性，包括财富，包括爱情。

正如诗人首先回忆的是"我的玩笑意义上的，初恋"。何为玩笑意义上的初恋？从诗歌中看出，他们应是很好的朋友。有时，初恋就是少男少女间纯真的友谊，因走得太近，于是周遭的人们就爱开玩笑，说他们是"天设一双，地造一对"，不过这不重要。关键是我在春天里想起的他，"上个月破产了"，就连"准备要结婚的女朋友也跑了"。他可是我们同龄人里"走的最快的人"，是"永远会借钱给我的人"。如今"他卖掉房子租了一个单间"，因为"被列上失信人名单"，我邀请他来北京，他却因"限制高消费"，"现在连飞机都坐不了"。这就是人生的变数。所以他感叹着，"来得太快的财富，守不住"。其实，我们一生能守住什么？到最终，一切不过是黄粱一梦，不过是镜花水月。也许，那玩笑意义上的初恋，正因为是玩笑，才能守住，于是他"熬过最黑暗的日子后，才找我聊几句"，于是只有"我"，还愿意"给你做好吃的"。说到底，命运永远在给我们开着各种玩笑罢了。你真正意义上的女朋友，与你玩笑里的女朋友，哪一个更像玩笑呢？你刚挣得钵满的财富，最后只剩一个空空的钵，不也是一个天大的玩笑吗？

在这个春天，我想起了"我的严肃意义上的，初恋"。严肃意义的初恋，那就是真正地动了心，真正地愿意为对方付出一切的爱。可是，他"今天结婚了"，和他七年爱情长跑的女友修得正果，就像那只和他们在一起七年了的猫。七年的猫，已算是一只老猫了。经过七年之痒的他和她，哪怕"晒出了幸福的照片"，也应该没有了爱情的波涛汹涌了吧。老舍说："初恋是青春的第一朵花，不能随便掷弃。"既然他和我才是"严肃意义上的，初恋"，他又怎能将"我"从心中随意抹去？"我"又怎能将他从爱情的扉页上删掉？这不，他和他的女友不是在一起七年了吗？为什么五年前，他还在同学会上醉后吻我？为什么"我装醉享受"这"对青春力挽狂澜的吻"？朱德庸说："每一个男女印象最深入、最怀念的是夭折的初恋，由于它没有继续下往。"诗人感叹道："不可能里找可能，最后又都不可能。"多妙的诗句，又多么沉痛的人生感悟——守不住的终将守不住，挽不回的终将挽不回。

　　回到这个春天，回到清醒的现实，我在北京，而成都盆地接住了我生命中两个最重要的他。玩笑意义初恋的他，破产在成都；严肃意义初恋的他在成都有了开花结果的爱情。这不又是一个玩笑吗？但最大的玩笑，是"那些年我心里涌起的强烈意愿，是漫出了整个盆地的"。诗歌以这样夸张的奇句结尾，怎不令读者心痛。心痛那"盆满"的爱情，到头来还是一场空！

　　这就是人生，钵满的财富和盆满的爱情，终成一场空！这就是现代诗，抽丝剥茧后，我们哪还有情致，去追忆那一场风花雪月的初恋？

于恺和黎洵

沈浩波

于恺这家伙
喝酒不要命

已经一身病
还要拼命喝

右手在肚皮上扎针
左手还在忙着干杯

黎洵拿他没办法
怎么也管不住他

既然管不住
那就干脆加入

从此黎洵
和于恺一起喝

两口子走到哪里

喝到哪里

通宵达旦

灵魂出窍

如同雌雄大盗

如同黑白双煞

有一次我劝于恺

少喝点,身体重要

于恺说:喝到死

黎洵接:死了算

我喜欢给人讲

于恺和黎洵的故事

故事里有我

向往的爱情

爱就爱出个江湖习气
——读沈浩波诗歌《于恺和黎洵》

读沈浩波诗歌《于恺和黎洵》，你会感受到一场酣畅淋漓的爱情，甚至让你也禁不住"灵魂出窍"。这是因为诗人将人间爱情推向了极致，让唯美的爱情充满了江湖气息。

于恺和黎洵，是诗人的朋友，是现实中的两口子，但我更觉得他们是行走江湖的侠侣。

于恺何许人也？一个嗜酒如命的家伙，喝酒可以喝到不要命。这让人想到"杜康美酒醉刘伶"的传说，那可是"猛虎一杯山中醉，蛟龙两盅海底眠，刘伶一醉睡三年"。而最有趣的，还是刘伶以为自己行将醉死，竟嘱托妻子说："我要死了，把我埋在酒池内，上边埋上酒糟，把酒盅酒壶给我放在棺材里。"你瞧这于恺就是一个活脱脱的当代刘伶——

　　已经一身病

　　还要拼命喝

　　右手在肚皮上扎针

　　左手还在忙着干杯

面对这样的夫君，为妻的哪能不心疼，一如刘伶的妻子，也要逼着刘伶戒酒，也就有了动人的传说——

刘伶病酒，渴甚，从妇求酒。妇捐酒毁器，涕泣谏曰："君饮太过，非摄生之道，必宜断之！"伶曰："甚善。我不能自禁，唯当祝鬼神自誓断之耳，便可具酒肉。"妇曰："敬闻命。"供酒肉于神前，请伶祝誓。伶跪而祝曰："天生刘伶，以酒为名，一饮一斛，五斗解酲。妇人之言，慎不可听！"便引酒进肉，隗然已醉矣。

在爱情的世界里，女人喜欢扮演圣母的角色，她们渴望用自己的方式去拯救自己的丈夫，或逼或诱，或诓或骗，只想丈夫终能成为自己精神的俘虏。可是，这条路刘伶的妻子在刘伶这里行不通，于恺的妻子黎洵在于恺这里行不通。这不，"黎洵拿他没办法，怎么也管不住他"。

至于刘伶的妻子如何哭天抢地，我不知道。但我看到于恺的妻子黎洵的侠女风范。既然爱了，就爱他的一切；既然山不过来我就过去；既然不能改变他，就被他改变；既然你枕曲藉糟，我就陪你一起醉生梦死。于是，诗歌的华彩部分，一如动人心魄的江湖传奇，开始上演——

    从此黎洵
    和于恺一起喝

    两口子走到哪里
    喝到哪里

    通宵达旦
    灵魂出窍

>　　如同雌雄大盗
>
>　　如同黑白双煞

　　读到这里，我已痴了！世间竟有这样的奇女子，可以这般陪所爱的人一醉方休；世间竟有这样的夫妻，可以成为酒中的"雌雄大盗""黑白双煞"。而且可以夫唱妇随，为了喝酒，夫言"喝到死"，妻曰"死了算"。

　　这一刻，我看到了最高级的爱。所谓最高级的爱，不只是"执子之手，与子偕老"的远古吟唱，不只是"山无陵，江水为竭。冬雷震震，夏雨雪，天地合，乃敢与君绝"的决绝誓言，也不只是"曾经沧海难为水，除却巫山不是云"的忠贞不渝。高级的爱，不只是钱锺书所说"相濡以沫，温暖而踏实"，不只是纪梵希对赫本说"我爱你，你随意"。不知谁说过，"爱你，就不以一切来度量你，而用你去度量一切！"我想，这就是人在江湖滚烫着烈酒的人生，这才是江湖气息中最美好的如影相随，天涯又天涯的生死相依。

　　诗人不只是喜欢给人讲于恺和黎洵的故事，而是用诗歌讲故事讲得如此迷人，让我们如此喜欢。诗人卒章显志，充满深情地说："故事里有我/向往的爱情"。这样的爱情，谁不心向往之？

　　于恺和黎洵，是行走江湖的侠侣，但我知道他们是现实生活中的两口子。他们让我们相信，原来天地间还有这样绝世的爱情！

十字路口

雪也

绿灯时

所有车子

都在加速前进

黄灯时

有的车子

加速更快

红灯时

车子一般都在静候

摩托车和电动自行车

经常闯红灯

大多都是送外卖的

头盔质量好的还行

头盔质量差的

就离开了人世

大多的头盔

质量都是很差的

拼命，却只为活着

—— 读雪也诗歌《十字路口》

傲夫诗社推荐的雪也诗歌《十字路口》，将目光投向时下新兴劳动者群体——送外卖的人。他们值得写的故事太多，但诗歌只选择了一个场景——十字路口，只写了一个画面——外卖小哥不惜用生命和时间赛跑。

我想诗人并不是要站在制度规则的角度，去批判这些"马路杀手"，也不是要去指责他们与危险相伴，逆向行车、快速超车、闯红灯而上演的"生死时速"，虽然他们这样的做法本身是不可取的。

这是一首充满悲悯之情的诗。诗歌标题极好，充满暗示性。"十字路口"，既是城市车水马龙的十字路口，也是人生的十字路口，我们每一个人都会在此有所抉择。常态化的表现，就是诗人前半部分写的诗句。"绿灯时／所有车子／都在加速前进"，而"黄灯时／有的车子／加速更快"，这也是可以理解的，毕竟是快节奏时代。"红灯时／车子一般都在静候"，谁都知道应该如此。诗人这几句似乎有点啰唆，像幼稚园老师在告诫孩子们基本的交通规则。但这般缓慢延迟叙述，是颇有深意的，这刚好和后面快递小哥的分秒必争构成了鲜明对比。唯有对比，才更能引起人们的反思。

如果真有选择，谁又愿意每日夙兴夜寐？谁又愿意风里来雨里去？

谁又愿意在十字路口红灯闪亮时，拼了命地骑着摩托车和电动自行车，风驰电掣地一往无前？

用命送餐，有时是不得已的举动。当"骑手已接单，正火速赶往目的地"的指令一旦发出，送外卖的就注定了不停歇地奔跑。他必须以最快速度完成订单，这样他才不会因延时而被点外卖的人给予差评。没办法呢，毕竟"顾客就是上帝"。

用命送餐，有时是面对刚性规则的屈服。平台具有严苛的束缚性，你一个送外卖的，一旦获了差评，可能一个月的辛苦付诸东流，可能还要失去这赖以生存的工作。规则显得很粗暴，毕竟，这个世界最不缺的就是人。你不送，还有人排着队盼望跻身于送餐的人流中。

用命送餐，有时是为了得到更多订单的铤而走险。送外卖是按订单数计算收成的。火速完成一单，再火速完成一单，一单又一单，换来的是碎银几两。可正是这碎银几两，才能让他们活着，或者更好地活着。那么，当别无他法时，你就只能无所畏惧向前冲！

正如诗人写道："头盔质量好的还行 / 头盔质量差的 / 就离开了人世"。这就是代价。尤其最后一句——"大多的头盔 / 质量都是很差的"，让读者陡生悲凉之感。为什么质量都是很差的？质量和价格成正比呀。好一点的头盔，可能需要上百个订单才能换来？但同样美好的生命，为什么有些人总会这样仓促间逝去呢？据说，2017年上半年，上海每2.5天就有1名外卖员伤亡，这是让人不寒而栗的数据。

外卖员生死危机如此，还有多少其他行业的劳动者亦如此呢？我们无数次感叹生活不易，但当你必须拼命，而仅仅是为了活着的时候，人生的意义又该如何诠释？我想，可能很多人真的来不及思考这一问题。

记得叔本华说过，人生就是一个圆圆的跑道，上边布满了烧得红红的热炭，而你又不得不在这跑道上奔跑，只为暂得一个纳凉之处或即将达到纳凉之处。

我相信，诗人和我们，都无法解答现实抛给的难题。但我们都可以期待，他们的"头盔"，就像他们的人生，质量可以更好些；期待他们可以更多地为自己的生命负责；期待更多的人，有同理心，至少拿出五分钟来等待，让送外卖的在十字路口不要因为生活的重负而忘了红灯的警示，而忘了生命远比订单、差评更为重要。

出名

雪也

我上初中时

就出名了

学校在运河边上

每当姐姐的

轮船拖队

经过时

作为船长的姐夫

就掉转喇叭

呼喊我的名字

男孩儿都有一个梦想叫船长
——读雪也的诗《出名》

雪也的小诗《出名》，干净，有趣，却又十分精致。

干净，是来自诗人骨子里留存的那份纯真，来自那年少时期毫无雕饰的愿景。

诗题为《出名》，诗歌开篇直接入题——"我上初中时/就出名了"。为何而出名，这是悬念。然后诗人冷静地叙述——

> 学校在运河边上
>
> 每当姐姐的
>
> 轮船拖队
>
> 经过时
>
> 作为船长的姐夫
>
> 就掉转喇叭
>
> 呼喊我的名字

原来姐姐有轮船拖队，那可是由一艘或两艘拖船和若干艘被拖带的驳船组成的船队。这已经值得骄傲了，但这还算不上男孩儿的骄傲。关键"学校在运河边上"，姐姐的轮船拖队会经过"我"的学校，这当然值得骄傲了，但这还不是男孩儿的骄傲。关键船长是"我"的姐夫，那"我"就是船长的小舅子，"我"和船长可不是一般的关系。这当然是很值得骄傲的，但这仍不是男孩儿真正的骄傲。最值得骄傲的，也是让"我"出名的，是船长姐夫经过学校时，会特意掉转喇叭，会特意大声地呼喊"我"的名字，这叫"我"想不出名都难。你听，船长在呼唤"我"；你看，"我"在船长心中的地位！这就是男孩儿最干净的自豪——一种被呵护、被张扬、被有力的声音无限放大的自豪。

有趣，则是只属于男孩儿的荣耀。运河边还没长大的这群少男少女，他们的生活也许太单调了，自然对运河充满了神奇的想象。他们渴望到运河上去，渴望拥有一艘或一队属于自己的船。因而，我相信，所有的男孩儿都崇拜着运河上的船长。当然，所有的女孩儿也都羡慕着船长的老婆，"我"的姐姐。而"我"十分幸运，有这样的姐姐，还有这样的姐夫。尤其重要的是，船长姐夫太懂得男孩儿的心思，他知道船长的一声呼喊，可以让一个盼望成为男子汉的男孩儿多么欢欣鼓舞，就像是将军授予士兵的一枚闪亮勋章。诗人十分客观的讲述，却极有带入感。你眼前浮现的，已不是船长姐夫的形象，而是男孩儿满脸的惊喜和闪烁的荣光。"每当"一词，让我们看到男孩儿可以乐此不疲，可以长久地保持这份对生活的期待与热爱。你眼前浮现的，还有那一群少男少女，他们多么渴望呼喊的是自己的名字。这，才是出名的原因！

精致，在于一首短诗，可以无限延长一代人的回忆，让我们回到我们的年少时代；精致，也在于诗歌极简的叙述中蕴含更丰富的诗意。"船长"本身就是一个充满寓意的名词，一个让人神往的名字。英文里船长是 captain 和 master，都代表着权威，代表着领袖。这让我不禁想起美国诗人惠特曼的《啊，船长！我的船长！》——

啊，船长！我的船长！

男孩儿都有一个梦想叫船长——读雪也的诗《出名》

> 我们可怕的航程已经终了,
>
> 航船已历尽险风恶浪,
>
> 我们追求的锦标已经赢到。
>
> 港口近在眼前,钟声我已听见。
>
> 岸上的人群在狂欢,
>
> 目迎着我们这安渡风浪的航船,
>
> 这坚毅、勇敢的航船!

这是全诗磅礴的第一节。整首长诗写于1865年,是惠特曼为悼念林肯总统而作。诗人把林肯比作船长,不拘诗行和诗节长短,不拘音节,不拘押韵,以大量的口语,喷涌热情地呼喊着船长。特别是开篇这几句诗,描绘出海岸上万众欢腾的宏大场景,这不就是对船长最崇高的致意吗?

这份对船长的致意,已不只是给予像林肯一样的领袖。船长之所以成为船长,在于他站立就是一座航标、一面旗帜,在于他具有领导者的决策力,在于他敢于迎向风暴,敢于冒险,敢于带领人们执着地追求自由。船长就是代表着向未知世界和崭新生活出发的真心英雄。所以,男孩儿都曾有一个梦想叫船长!

品读诗歌的你,是否看到那巍巍巨轮,正等待男孩儿成长为船长,乘风破浪!

捕星星的孩子

黄平子

如果再冷一点

孩子就会用碗装满水

撒上几颗盐

放到打谷场上去捕星星

星星很贪嘴

它来舔食盐水的时候

舌头便会被冻住

一大早起来

孩子就用稻草筒子

在冰上吹出一个小孔

用绳子拴了

提去给阿婆看

没有皱纹的童趣
——读黄平子诗歌《捕星星的孩子》

读黄平子诗歌《捕星星的孩子》，大脑里突然跳出谢德林《波谢洪尼耶遗风》中的一句话："只要不把儿童关闭在不透空气、不见阳光的环境中，那么，纵使是贫乏的大自然，也能使儿童的心灵得到欢乐，受到感染。"

我们那个时代的童年，没有的太多，拥有的也太多。没有玩具，没有糖果，没有漂亮的衣裳，甚至没有幼儿园，也没有兴趣班。但我们有乡村，有田野，有戏水的河流，还有头顶闪烁的星星，以及外婆蒲扇下的古老传说。那时，无论东西南北的孩子，都有属于他们的童趣，即使岁月流逝，也依旧镌刻在记忆的额头，没有皱纹。

正如诗人的追忆，那是一群多么纯真的孩子，玩着属于他们那方水土祖祖辈辈传下来的游戏——捕星星。我没玩过，甚至没听说过这种游戏，但走进诗歌，我就走进了这群孩子富有神奇想象力的世界，也和他们一样体验着捕捉到星星时心中闪烁的一番童趣。

冬天，再冷一点的冬天，从来不会冻坏孩子心中的向往。每天望着夜空，哪一颗童心不曾渴望摘下那星星，晶莹闪烁在自己的掌心？于是，孩子们有了自己的办法。他们"就会用碗装满水 / 撒上几颗盐 / 放到打谷场上去捕星星"。为什么要撒点盐？是降低它的凝固点，便于之后拴住冰块？也许在那个年代，盐水也是很有滋味的饮料？这不，连星星都很贪嘴，要偷偷下凡来舔食。这可上了孩子们的当，你看星星的舌头被冻住了，星星回不到天上了。孩子们"就用稻草筒子 / 在冰上吹出一个小孔 / 用绳子拴了"，他们就用自己的办法捉住了调皮的星星。他们"提去给阿婆看"，多有成就感，就像士兵在战场上俘获了逃兵一样自豪。其实，这就是罗曼·罗兰所说的"儿童创造幻觉的奇妙的力量"，亦真亦幻，其乐无穷！

诗人的心，只要一回到童年，都会变得极为柔软，也会镀上浪漫的纯银。这首诗，让我读到的是"安徒生"，读到的是"格林"，读到的是充满诗意的童趣。我想象着贪嘴星星舔食盐水的可爱形象，想象着星星舌头被冻住时的窘态，想象孩子们提着满是星星的冰块时一脸的神奇。如果诗人早已失却了童心，是断然写不出这样生动有趣的诗歌的。所以，真正的诗人，是永葆赤子之心的，是永远长不大的孩子。一如李贽《童心说》所言："夫童心者，绝假纯真，最初一念之本心也。若夫失却童心，便失却真心；失却真心，便失却真人。人而非真，全不复有初矣。"

著名作家张炜曾说："儿童文学不光是一个入口，还是一个开关，这个开关一按，整个的文学建筑，就会变得灯火通明。"我想说，保持童心，是诗歌创作的重要态度之一。我们可以用这样纯粹的作品，献给我们正在信息化时代丢失童真的孩子，也献给我们早已失去但永不老去的童年！

第一

黄平子

父亲
是朱砂第一个
在城里
住公墓的人

越简单，越丰盈
——读黄平子《第一》

中国绘画讲究"惜墨如金"。

乔布斯一生信仰"少即是多"。

粒子的质量与半径成反比，半径越小，质量越大，反之亦然。

诗歌，同样可以追求"一字千金"。

读黄平子诗歌《第一》，脑子里想的都是极简主义。我几乎可以将这首诗称为"粒子诗"。其微言大义，或其"形象大于思维"，带给我们的是咀嚼后无穷尽的苦与甜。

全诗不过是对一个陈述句敲三下回车键，可每一次敲这回车键，却让你感到心在战栗，甚至抽搐，继而感到诗的内宇宙浩渺起来。

黄平子是江西人，我猜"朱砂"应是江西省修水县朱砂村，据说那里是"枕山、环水、面屏"的传统村落。这不重要，只是光听"朱砂"这名字，就很美了，那又是父亲生活的地方，该有多温暖。这里应是像父亲一样安土重迁的农民，一辈子依恋的乡土，空气间流淌的应是浓浓的乡愁。

可父亲生于斯，却不能葬于斯，给予血脉的这片土地，却不能让肉身归于这片土地，这该是怎样的痛！不能落叶归根，而且是那第一枚不能归根的落叶，这该是怎样的憾恨！

这第一，该是乡土中国在急遽变化时代中沉重的一声叹息。传统的丧葬，在土地资源弥足珍贵的今天，也只能换一种更为现代的方式。还好，至少还没有火化水葬，至少还能入土为"安"。

可诗人并没有抒情，没有外泄自己的情绪。另一个词语——"城里"，似乎又带给读者别样的思考。在乡村的背影越来越瘦削的今天，又有多少人涌向了城市，这是新一轮的"农转非"大潮。城市那可是寸金寸土，甚至万金寸土。父亲"乡土"一生，生前没有一纸城市户口，却在死后住进了城市的公墓，而且是朱砂村第一个享有此等待遇的人，又该是怎样的窃喜呢。这一个公墓里的土馒头（或是水泥馒头），也算是对一生不那么凉薄的祭奠吧。

这第一，该是日新月异时代的一个叹号。至少我们的农民，走出或被走出了几千年的农耕文明，至少也是一种精神藩篱的突破。不过，我不知道这里收费多少，不会让父亲泉下也肉疼吧。

黄平子用极为吝啬的文字写成的《第一》，从全诗形式看，就像偌大世界极为吝啬地给了父亲公墓一隅。

这公墓一隅，是喜是悲，只有墓中的父亲知道。

但是，诗人，你给我一滴水，我们却得到一片海洋。

躺平的父亲

谢胜瑜

父亲很多年前就躺平了

实际却不是

他的从以亿计的同类中闯荡出来

击破了卵子壁垒的

几颗精子——我和我的兄弟姐妹

都还在人间

东奔西跑

左冲右突

生龙活虎地

替他

挣脸面

躺在精子的功劳簿上
——读谢胜瑜《躺平的父亲》

生命其实具有偶然性。你不过是父亲"以亿计的同类中闯荡出来击破了卵子壁垒的"精子。亿分之一的概率，最终让你成了人形，成了父亲的孩子。

生命又充满了必然性。为什么亿分之一的精子，恰巧成就了你？谁是你的父亲，你是谁的儿女，这是亿分之一的可能，却又是你存在之前的既存事实，无可争议。

所以费孝通说："血缘所决定的社会地位不容个人选择。世界上最用不上意志，同时在生活上又是影响最大的决定，就是谁是你的父母。"传统的中国，以血缘为纽带，传统的家族、宗法理念也就注定了父辈与子女的既定事实与既定关系——诚然孩子与父母都是独立的生命个体，但维系生命体的血缘关系，让子女成了父亲财产的一部分，或者说，子女自然成了父母对以后生活的期许。这样，孩子成为父母生命的延续，成为一个家族的延续，成为具有相对稳定性的社会传承，生生不息。即使在不断突破这一血缘社会稳定性的当今，我们仍然不可逃离父亲的权威，甚至生活在终身逃离不了的父权的阴影中。谢胜瑜《躺平的父亲》正是这样一首带给我们关于血缘社会父权思考的诗歌。

诗歌开篇第一句"父亲很多年前就躺平了"，一个流行词语"躺平"已暗示这是当代社会。所谓"躺平",本是指年轻人选择放慢脚步,以相对舒适的工作方式换取足够的生活条件,或者依靠前期积累安逸度日。"用自己的方式消解外在环境对个体的规训",他们"瘫倒在地,不再鸡血沸腾、渴求成功了"。但这里躺平的是父亲,他的躺平,是躺在他精子换来的几个儿女之上。且不说父亲养儿育女的辛劳,且不说儿女的孝是一种值得彰显的美德,若"父为子纲""养儿防老"成为他骨子里不可逆的思想,他的躺平,就意味着他坦然接受儿女以父亲为中心的付出。

  诗歌因此写父亲躺平后,以"实际却不是"一转,让我们看到——

> 我和我的兄弟姐妹
>
> 都还在人间
>
> 东奔西跑
>
> 左冲右突
>
> 生龙活虎地
>
> 替他
>
> 挣脸面

  儿女都是生命的个体,都该有自己的生活目标。一旦为父亲、为家族"挣脸面",他们就不再仅仅是他们自己,而是服从于血缘社会的黄金定律了。一个大家族,就是一棵盘根错节的大树,血缘关系就是树根,"生育关系的存在使每一条根节能够不断向下发展,一个根节生长出多条根,也就是代代相传,家族兴旺"。所以,延续血脉最终成为儿女的责任担当,光耀门庭最终成为儿女的终极价值。那么,"挣脸面"是不是就成了传统社会中儿女人生的最优解?

当然，这首诗中的"躺平"，也可能是指父亲的去世，因为诗人强调儿女们还在人间负重前行。如若是这样，更让我们感到旧文化的阴魂不散，感到父辈的幽灵让儿女们挣脱不了精神的束缚。

这是一首具有讽刺意味的诗歌，也是一首沉重的诗歌。放在当下社会语境之中，我们是否可以理解为什么有那么多的丁克家庭？为什么有那么多的不婚主义者？这是不是让我们看到血缘社会、乡土中国在时代的浪潮下，开始走向解体？这何尝不是一种反叛？何尝不是对自我生命解放的一种追求？

部队开会

谢胜瑜

部队在盖瓦片的

老屋子里开会

司令员站在门口

对每一个进来开会的人

低声耳语

开会时都小点声

有没听明白的

司令员就指指会堂木梁上

在窝里破壳的

燕子

真男人的魅力
——读谢胜瑜现代口语诗《部队开会》

什么是男人的魅力？作为男人，或作为男人的一半的女人，可能有不同的诠释，但一说到部队的司令员、将军、士兵，那份阳刚热血，自是男人魅力的顶配。

性别角色（gender role）是社会学中根据性别而规定的一种行为及思维模式，也成为一种集体无意识，让人们习惯用既定的思维模式判定这个人"很男人"或"很女人"，但往往忽略了人之所以为人的立体性和复杂性。

"人"字一撇一捺，或可指这世界就是"男人"和"女人"相互支撑起来的天地。但我认为，这一撇一捺，其实也可寓意为一个独立的人，兼有人性中不可或缺的两大部分，那就是"刚毅"和"柔情"。换句话说，男人，家严也有家慈样；女人，也可"须把乾坤力挽回"。

突然写下这些文字，是因为近日读到诗人谢胜瑜这首现代口语诗。好的歌声听得我们浑身起鸡皮疙瘩，好的诗歌读来同样如此。这首小诗，让我心中不禁咯噔一下，也让我在咀嚼欣赏时赞不绝口。

有一种口语诗很有小说的味道，那就是要有"环境""情节""人物"三要素，而这三要素都将指向"主题"，构成了"三位一体"的阅读模式。

该诗设置了特别的叙事场景，即"盖瓦片的老屋子"。也许寒酸些，但这是燕子喜欢的"寻常百姓家"。瓦房才能吸引燕子在这里做窝、孵化，才是燕子"宁静的家园"。这一环境，为情节的推动起了很好的铺垫作用。

你看，没想到部队会在这里开会。我们可以想象，一群军人，可以大口喝酒，大口吃肉，可以驰骋沙场，马革裹尸，那说话也自是豪放不羁。但诗人在此设下悬念——

司令员站在门口

对每一个进来开会的人

低声耳语

开会时都小点声

什么情况可以让这一群"很男人"的人"低声耳语"？军事机密？紧急军情？正待与进门来"有没听明白的"人一同疑惑时，诗人才抛出谜底，用司令员的一个动作告诉我们，原来，"木梁上"，有"在窝里破壳的燕子"。"破壳的燕子"，新的生命，多么柔弱又多么需要呵护的生命啊。这是"燕子的家"，燕子自该拥有属于它的安谧与温馨，怎么能因这一群"男人"的高分贝，而受了惊吓，在最初的扑腾中看不到它想看到的一个美好的世界？

一句"小点声"，一个"指指"的动作，人物形象跃然纸上。司令员，何等血雨腥风的场面没经历过？叱咤沙场是他男儿本色，是他英雄风采。可这一刻，他却心细如针尖，温情如母亲，让我们突然肃然起敬。你半点不会感到矫情，也半点不会觉得"司令员"女性化了，反倒觉得，这份柔情衬托得他更加高大起来。

读罢全诗，细细品味，才能进入诗歌的内核，那就是文本中隐藏的主题：人性的温暖。军人，舍生忘死，不就是让更多的生命拥有温馨的家园？男人，在天地打拼，不也是同样为了世间一切值得爱的生命？只有心存这份人性的温暖，男人才更有温度，更有气度，更有风度！

突然想起鲁迅的诗句，谨以此收束全文——

无情未必真豪杰，

怜子如何不丈夫！

爱

江宁坪

小可的妈妈
当着老师的面抽她
理直气壮地说
这是我的权利
我是爱你的

懂得欣赏是一种本领
——读江宁坪诗歌《爱》

我们认知的世界是一个圆，站在圆周不同的点，看到的是不同的切面。这是视角，一如苏轼诗云："横看成岭侧成峰，远近高低各不同。"诗歌审美同样如此。文本是一个圆，阅读者站在不同的角度看一首诗，得出的结论也会大相径庭。面对口语诗，尤其如此。因诗歌创作、鉴赏理念的不同，或看意象，或品音律，或观内核，各执一端，自然也就会有争辩了（不是争吵，不是讥讽，更不是谩骂）。

欣赏口语诗，如果没有大量中外口语诗阅读体验，没有口语诗创作的苦心孤诣，没有深厚的口语诗理论修为，怕是难以在众多口语诗中发现优秀作品。因此，懂得欣赏是一种本领，懂得从众多口语诗中推荐一首好诗，需要的是慧眼独具。

近日，傲夫诗社推荐了江宁坪这首小诗《爱》。

初看这首小诗，却也平淡，也没有任何高超的技巧，无外乎就是呈现了一个小小的生活片段。可能是孩子不听话，老师请家长到校配合教育。家长倒也没有和教师胡搅蛮缠，而是不分青红皂白，狠狠地"抽"自己的孩子，还振振有词地说"这是我的权利"。

有人又要嘲笑口语诗的"回车键体"了，有人又要站在高雅审美的高地质问，这也是诗吗？可我想说，这不是诗吗？这不是好诗吗？只要语言撩动起内心的涟漪，只要叙述勾起人们的思考，这样的作品就具备了诗的功能。

子曰："质胜文则野，文胜质则史。文质彬彬，然后君子。"这句话，既可论君子的人格模式，也可论诗文的文与质的合理互补关系。《爱》，叙事是冷静的，朴实的，也可以说是质朴多于文采而难免显得粗野。但如若用华丽文采超过这份质朴，怕又更加虚浮了。于是有人会指出此诗毕竟太过"质"而无味。这正是没有领悟口语诗之妙。

生活的语言，本身就不需太多的酸腐气，本身就是自然而鲜活。假设我们在生活中"之乎者也"，在家长里短时也辞章灿烂，"阳春白雪"可能换来的是满身鸡皮疙瘩。更何况，这首诗为我们展现的是生活的真实，带给读者的是关于父母之爱的冷思考，又何必文绉绉地"掉书袋"呢？

正如推荐者刘傲夫推荐语所言：

可能有很多人觉得诗中所叙之事缺乏真实，而我的感觉恰恰相反，该诗太过真实。我了解江宁坪所在的中国乡镇中小学以及那里的家长、孩子，因为我们中的许多人就是从那样的背景中成长起来的。二三十年过去，人早已不是那一批人，但类似的事件从未停止过发生。中国的乡村教育太艰难了，因为很多孩子基本依靠不了父母。当然我们也应该看到好的大趋势，必须看到懂得教育的家长越来越多。这个也是能让一线的教育工作者心安的原因之一吧。

我也是边远民族地区的一名教师，我也无数次看到《爱》中的场面，我甚至有十多年几乎没有请过家长到校了。我也常常思考，代际贫困固然可怕，但代际"爱的弱能"可能更让我们心生荒凉。记得弗罗姆在《爱的艺术》中说，"母爱就其本质来说是无条件的。母亲热爱新生儿，并不是因为孩子满足了她的什么特殊的愿望，符合她的想象，而是因为这是她生的孩子"。他又说，母爱让孩子懂得了"你的任何罪孽、任何罪恶都不会使你失去我的爱和我对你的生命、你的幸福的祝福"。所以，"母亲是我们的故乡，是大自然、大地和海洋"。但在视孩子为自己私有物品的中国，特别是两千多年封建思想残余作祟下，还有多少家长手握"权力之柄"，威慑着他们的孩子。当这种暴力冠以爱的名义，又是显得多么地残忍虚伪！

黄平子评此诗说，家庭才是孩子的第一学校，父母才是孩子的第一老师。作为富有多年教育经验的金风老师评此诗也说，教育的失败，有时源于很多人真的不会做父母，不知道怎样做父母。是呀，由这位母亲的表现，我们可以窥知"小可"所处的原生家庭是多么缺乏爱的能力，未来做父母的"小可"，是否也会延续这样一种简单粗暴的"爱的教育"？

诗人其实在质朴的讲述下呐喊。这不只是一个教师的呐喊，不只是一个诗人的呐喊。在开放包容、民主平等的当代社会，父母要懂得爱，学会爱，善于爱。放下手中的鞭子，让爱成为一泓清泉，这是文明的呼唤。巴尔蒙特说："我来到这个世界，为的是看太阳和蔚蓝色的原野；我来到这个世界，为的是看太阳和对面的群山。"真好，愿我们的父母让孩子看到爱，看到远方，愿我们的父母学会呵护孩子的尊严，去欣赏你的孩子，也愿更多的读者，欣赏有深度的口语诗。

记住，懂得欣赏，是一种本领！

一个中国烟民的情人

江宁坪

中华　云烟　大红鹰　芙蓉王　黄鹤楼　红塔山　黄金叶　红旗渠　哈德门

苏烟　红山茶　和天下　冬虫夏草　钓鱼台　贵烟　红方印　阿诗玛

钻石　荷花　长白山　紫气东来　黄山松　红金龙　红双喜（沪）

七匹狼　中南海　黄果树　大前门　哈尔滨　红三环

红河　将军　泰山　龙凤呈祥　林海灵芝

北京　甲天下　呼伦贝尔　云和玉

好日子　大青山　人民大会堂

三沙　散花

凤凰　王冠

熊猫　玉溪

都宝　长城

羊城　黄山

茶花　古田

恒大　庐山

红梅　梦都

娇子　天子

兰州　牡丹

南京　雪莲

真龙　土楼

金圣　芙蓉

帝豪　延安

好猫　双喜

雄狮　利群

狮牌　金桥

白沙　宽窄

有意味的形式

——读江宁坪诗歌《一个中国烟民的情人》

江宁坪诗歌《一个中国烟民的情人》，是一首极为别致的诗。有人会问，这是诗吗？我说，这是诗，这是艺术，因为它是有意味的形式。

"艺术乃是有意味的形式"是英国艺术理论家克莱夫·贝尔提出的观点。他更强调形式本身的价值。我认为，诗歌的形式，本身就与诗歌的内容水乳交融，形式是诗人形象思维的艺术呈现。形式是自由的、多样化的，只要以某种形式，引发读者联想，就具有了审美的价值。而且，越是富有个性、具有创意的形式，越给人留下深刻印象。

这首诗，诗人不厌其烦地将各种香烟的牌子一网打尽，罗列出来，既不连缀成句，也无组接规律，看似简单地拼凑出文本的主体。但仔细一看，诗的结构从下到上，在视觉上让你仿佛看到一支点燃的香烟，正吐出一大团烟雾，这本身就是对烟的形象诠释。而喜欢抽烟的人，会看着这各种牌子的香烟，嗅到那诱人的烟味，这是嗅觉的感知。你若再想象，偌大中国，各地烟民抽着自己喜欢牌子的香烟，不时发出吐纳的声音，那就是诉诸听觉的一支极为独特的乐曲。这就是形式大于内容，当然可能只有烟民更能体味这番微妙。

所以，诗人为这琳琅满目的香烟取了一个很是煽情、很是性感又非常美丽的名字——一个中国烟民的情人。情人者，情之所钟的对象。烟

有意味的形式——读江宁坪诗歌《一个中国烟民的情人》

民爱烟，一如你爱着你的情人，爱就要爱他个不离不弃；烟民爱烟，便要时时将之衔在唇角，爱它，就要天天吻着它，一如你和你爱着的情人整日耳鬓厮磨。情人不可得，是"寤寐思服，悠哉悠哉，辗转反侧"；抱得美人归，则是"死生契阔，与子成说。执子之手，与子偕老"。

我是一个资深烟民，一抽就是三十多年。我那是"朝朝暮暮"，每天一包；"卿卿我我"，烟不离手。老婆孩子、知心朋友，反反复复劝我戒掉香烟，"弃暗投明"，可我知道，戒掉它，一如戒荤戒色，那是凡夫俗子难以达成的修为。

不过，我还是认为抽烟要抽出情调的。一如曾有一句很有意思的话："哥抽的不是香烟，而是寂寞。"又想起很有意思的一个段子："我在阳台上抽烟，我抽了一半，风抽了一半，我没有和风计较，可能风也有烦恼。"看来，抽烟一如饮酒，可以让愁绪如烟而逝。至于其他好处，清人陆耀《烟谱》已有最好的注释——

睡起宜吃，饭后宜吃，对客宜吃，作文宜吃，观书欲倦宜吃，待好友不至宜吃，胸有烦闷宜吃，案无酒肴宜吃。

但我最爱的，还是林语堂《秋天的况味》中那段文字——

秋天的黄昏，一人独坐在沙发上抽烟，看烟头白灰之下露出红光，微微透露出暖气，心头的情绪便跟着那蓝烟缭绕而上，一样的轻松，一样的自由。不转眼缭烟变成缕缕的细丝，慢慢不见了，而那霎时，心上的情绪也跟着消沉于大千世界，所以也不讲那时的情绪，而只讲那时的情绪的况味。待要再划一根洋火，再点起那已点过三四次的雪茄，却因白灰已积得太多，点不着，乃轻轻的一弹，烟灰静悄悄的落在铜炉上，其静寂如同我此时用毛笔写在中纸上一样，一点的声息也没有。于是再点起来，一口一口的吞云吐雾，香气扑鼻，宛如偎红倚翠温香在抱情调。于是想到烟，想到这烟一股温煦的热气，想到室中缭绕暗淡的烟霞，想到秋天的意味。

这也就是抽烟的况味了，闲适舒缓，这般富有气质和内涵，抽烟抽出了一种境界，一种审美。

抽烟的人其实还有一个习惯，抽过无数牌子的香烟后，往往最终锁定一个牌子，就独好那一种烟味，一种口感。真正抽烟的人，并不是那么在乎牌子的。无论价格是贵是贱，无论产于东西南北，能解一己之渴，即是一世情缘，又何必在意对方大家闺秀还是出身寒门。普通百姓，几毛钱的烟，一样吧唧吧唧抽得无须做高官；显贵之人，上百元的烟，还是一口口吞云吐雾抽得像个活神仙。发迹者，可能一辈子就只喜欢抽当初创业时最廉价的那个牌子；落魄客，可能节省饭钱也要买当年锦衣玉食时抽习惯了的昂贵香烟。一如过尽千帆，但情人不能泛滥，只要那份爱在，情在，就足够！

那么，这首诗就不只是关于"烟"那点格局了，人生诸多习性与爱好，不过也如此。这就是所谓的"有意味"，是诗歌精神内核。

河流之上

杜思尚

冬日，或接近冬日

男孩儿，自行车

清水缓流，河沙金黄

脱衣，纵跳

或一步步走进

放松手脚，缓缓躺入

水之怀抱

赤裸的大地

将他轻轻托起

我听到

那个男孩儿

轻微的叹息

回归母体的河流
——读杜思尚诗歌《河流之上》

一个人的行为,可能仅仅是特定境遇下一种极为具体又普通的反应,发生了,然后结束了,就这样没有波澜。但一个人的行为,又可能隐晦含蓄地暗示出心理暗箱中更为神秘的冲动,行为连接的,是精神莫测的深渊。

读一首诗也如此。在浅表化理解层面,这首诗可能不过就是呈现一种生活的现象,读过,也就过了,没法带给你深刻的阅读体验。但若深度解剖,我们可能在透视一首诗时,透视出我们人生表象之下更为深邃复杂的潜意识,看到我们诸多不可抗拒的本能,让你看到了自我背后一个陌生的自己。我认为,杜思尚诗歌《河流之上》,就是这样一首值得我们可浅可深去玩味的作品。

最初和诗友们一起读这首诗,有人说不过就是一首"冬泳"之作,也有人说是一首"绝望与轻生"的写实,我不置可否。这首诗完全可能会带给读者这样的理解,因为我们最简单的相似关联性思维模式,即是将文字作品简单推移至现实生活,一旦对接上了,也就得到了最合理的解释。一个男孩在深冬,跳入河流,冬泳让他彻底放松,这是生活中极有可能的一个画面。一个男孩儿,可能无法走出"人生冬日"的困境,然后纵身一跃,入水之怀抱,这也是现代社会可能发生的一幕。

回归母体的河流——读杜思尚诗歌《河流之上》

但当我静下心来,再次走进诗歌,我既感到自己成了一名心理侦探,又发现自己也在泗渡一条精神的河流。男孩儿,代表着的是我们每一个人。我们其实有一种本能,那就是渴望回归母体,尤其是在沉闷的生存环境中,我们的身心出现种种不适之时,就可能怀念着母亲的子宫。

母亲的子宫就是伊甸园。在那如河流一般的水域中,"清水缓流,河沙金黄",我们赤裸着,不带有任何枷锁。我们在子宫的世界里,温暖着,舒适着,母体为我们屏蔽了一切的苦难。

但人类注定会像夏娃和亚当一样被驱逐出伊甸园,人一旦出生就意味着我们失乐园,意味着我们和母体彻底分离。我们离开了生命最初的河流,最初"赤裸的大地",难以再重建原初的母子关系。你的脐带是一个结,意味着你彻底告别了让你舒展的母亲腹地。脐带也是一个劫,意味着你将远离河流,只能在红尘之中接受你的宿命。如若你浑浑噩噩行走一遭,在生之喜悦与折磨中都接纳与承受,你也不会发现你还有另一个自己。但当你在困惑中越发有了一种清醒的认知,你就越发想要逃离这样的认知。因为认知让你更加痛苦,你就有一种回归于无知而自由之境的欲望,这就开始唤起你对母体的依恋,唤起你被磨灭的记忆。

诗中的男孩儿显然属于后者。"冬日,或接近冬日",这是萧索的世界,也是精神"饥饿与寒冷"的符号,是心底的凉薄。我们却只能"骑着自行车",艰难地奔跑。当我们听到那来自河流式的母体召唤时,或是我们"骑着自行车"终于寻找到母体涌动的那条河流时,就会突然间明白,我们一直留存着这份对母亲子宫的向往。这般干脆地"脱衣,纵跳",或这般安和地"一步步走进 / 放松手脚,缓缓躺入 / 水之怀抱",这其实是幻觉式的精神抵达。在这里,"赤裸的大地 / 将他轻轻托起",你精神的创伤得以治愈,流浪的精神有了安全感,归属感。

这时,我们再去倾听男孩儿那一声"轻微的叹息",才发现,这叹息,不是无奈,更不是悲哀,而是摆脱了精神困扰后轻轻地舒了一口气,是孩子与母亲走散后再见到母亲的如释重负!

感谢诗友墨仁,我们在研读中都更认同这首诗表达着这样深刻的心理真实。

山岗上的松树

何枰

我一小学男同学

在学校爱欺负比他小的同学

六年级暑假时

因为抢了小伙伴的几朵蘑菇

被小伙伴砍死

据目击者说

是一镰刀从后背心

直入心脏

开学时候

好多同学都说恶人有恶报

都说他死得好

一个多月后

我和母亲从他死去的山岗经过

看到他上学时经常穿的绿色毛衣

是他母亲给他织的

还挂在山岗的一棵松树上

我总觉得血迹未干

二十多年过去了

每次经过那山岗

我就看一看那棵松树

又长高了

每一个生命，都值得温柔以待
——读何枰诗歌《山岗上的松树》

读到何枰《山岗上的松树》这首诗时，我正在引导高二学生写一篇二元关系思辨的作文，作文题如下：

阅读下面的材料，根据要求写作。

两名大学生利用长假，脚踩轮滑鞋，历时五天半从山东到北京，完成了一次长达五百多公里的"长途刷街"，实现了一个多年的青春梦。许多网友为其叫好："有志者，事竟成！""为轮滑带来正能量！"而一位交警则指出："轮滑鞋代步上路，违反了交通法规，是不对的，这种行为一旦被发现，会受到相应处罚。"

生活中，类似的事并不鲜见，"好"的事可能是"不对"的事，"对"的事也不一定都是"好"的事。不同情况下，不同领域中，人们对"好"与"对"的理解认识各不相同，你对此有怎样的看法？请写一篇文章，发表你的观点，陈述你的理由。

于是，我将这首诗呈现给我的孩子们。他们读后，教室里很安静。但我知道，这首诗，犹如一块石头落入静静的湖中，波澜了孩子们的心。这块石头，是一个沉重的话题，一个关于"尊重与践踏"的二元关系的话题。

所谓二元关系，最初是讨论两个数学对象联系的专业术语，随后成了逻辑学的重要概念之一。从逻辑学上看，二元关系是指事物之间的矛盾关系、从属关系、对立关系、交叉关系、同一关系。但是，人生很多时候都将陷入"二元关系"的纠缠中，难以分清孰是孰非。唯其迷惘，方需澄清。《山岗上的松树》这首诗，就具有了解读的文本价值。

这是一首以"我"作为有限视角，讲述一件难忘的童年往事。正是视角的有限，才带来了解读的更多可能性，这也是优秀口语诗值得玩味品鉴的地方。我试着让孩子们用"追问"的方式走进诗歌冷静叙事中潜沉的诗人关于人性的拷问。

几朵蘑菇和一个孩子的生命等价吗？只需一问，无须回答。任何物质的东西在生命面前都该是一钱不值的。

一镰刀从后背心直入心脏，这一"直入"，于持刀者是怎样的深仇大恨？于遇害者是怎样的痛楚绝望？血腥和暴力，让这把镰刀放射寒光。而这寒光让我们不得不思考武器的意义是什么？武器可以这样冷漠凶狠地指向和自己一样鲜活的生命吗？

"开学时候 / 好多同学都说恶人有恶报 / 都说他死得好"。"好多同学"，是否代表着当时的群体心态？"恶人有恶报"，一个爱欺负小同学的小学生，是否就罪不容诛？一个有瑕疵的玉，是否就该毁为齑粉？你是否看到人性中另一种比恶更阴毒的冷漠？

山岗的那棵松树上还挂着遇难者上学时经常穿的绿色毛衣，那可是他母亲给他一针一线编织的，却"血迹未干"。母亲的孩子，孩子的母亲，所有的爱难道抵不过几朵蘑菇？哪一个母亲可以承受这"血迹未干"的悲剧？哪一个母亲的孩子可以这样无价值地死去？

二十多年过去了，山岗那棵松树又长高了，而当年那些孩子也该为人父母了，是否还记得当年为血腥拍手称快？是否还记得当年那件绿毛衣留下不只是凶手，还有他们的罪恶？

由此，孩子们读懂的不只是一首诗，而是接受了一次关于"尊重生命"的思考！再回到作文题，关于"好"与"对"这一对立选择关系也就可以辨析了。这时，我们再去结合当今的痛感新闻，是否可以在二元关系中找到一条正确的途径？

一如面对小偷，人们常常会说"打死他""打得好"，或滥用私刑，或非法拘禁，或游街示众。这种看似"正义""好的"的行为甚至会引发社会共情，但在法治社会里，就是违法，甚至犯罪。

又如对待俘虏，是采取以血还血、以牙还牙的做法，进行直接报复，虐待、枪毙俘虏，还是应该符合国际法和人道主义原则？

再如人肉搜索，对有不当言论的违规发帖，网民们义愤填膺，公布其姓名身份、家庭住址、家庭成员以及其他隐私信息。这本质是对人权的侵犯。这些年，不常发生因不能承受网络暴力而自杀的悲剧吗？

一节课下来，我知道这已不单单是一堂作文课了。

我更想对他们说——

仇恨是最不应该被放大的，仇恨就像是一把利斧，砍断了所有人的心。

每一个生命，都值得温柔以待。

我也想对诗人何柠说——

感谢为读者带来这样一首好的口语诗。好的口语诗，值得我们温柔以待！

分家

何柄

在几位叔伯辈

和族长的主持下

分家

老倌拢大儿子家

老奶拢小儿子家

房梁屋舍

田地菜园

猪鸡牛马

大样家具家电

均已分完

小件物品和生活用品

各自协商处理

老倌环视一圈

起身把一箩筐碗抱起来

老奶赶紧跑过去

拽了过来

老倌又拽回去

分家

哐啷一声

随着一箩筐碗粉碎一地

这对相濡以沫

五十多年的老夫妻

一瞬间

人仰马翻

哐啷一声，爱碎了一地
——读何柸《分家》

何柸的《分家》，在现代人眼里，是一个喜剧小品；放在乡土中国传统文化的大背景下，这是司空见惯的场景。你不得不佩服诗人聚焦一个点，让我们去思考——文化习俗与爱的关系。

德国历史学家奥斯瓦德·施本格勒曾把文化分为阿波罗式和浮士德式两种。传统的阿波罗式文化认定宇宙的安排有一个完善的秩序，这个秩序超越人力的创造，人不过是去接受它，安于其位，维持它。现代的浮士德式的文化则把冲突看成存在的基础，生命是阻碍的克服；没有了阻碍，生命也就失去了意义，他们把前途看成无尽的创造过程。

所以，费孝通在《乡土中国》中说，浮士德式的恋爱"是一项探险，是对未知的摸索。……恋爱的持续倚于推陈出新，不断地克服阻碍，也是不断地发现阻碍，要得到的是这一个过程，而不是这过程的结果。从结果说可以是毫无成就的。非但毫无成就，而且使社会关系不能稳定，使依赖于社会关系的事业不能顺利经营"。

在乡土社会中这种精神是不容存在的，而应是阿波罗式的。它不需要创造新的社会关系，社会关系是生下来就决定了的，它更害怕社会关系的破坏，因为乡土社会所求的是稳定。男女间的关系必须有一种安排，使他们之间不发生激动性的感情。从社会关系的角度看，感情的激

哐啷一声，爱碎了一地——读何柃《分家》

动引起破坏和创造，感情的淡漠带来稳定。因此在追求稳定的乡土社会中，男女不必求同，不必了解彼此或追求心灵上的接洽。中国在几千年时间里一直都是农业社会，过着向土地讨生活的日子。生于斯，长于斯，死于斯，从生到死都没有离开同一块土地。所以农业社会注定是一个稳定的社会。在这种稳定性里，爱情是被排斥在外的。追溯我们的父辈、祖辈，他们的婚恋大多就是这样的模式——相亲结婚生子到分家，周而复始，代代相传。

于是"树大分杈，子大分家"，分家成了中国富有特色的乡土旧俗。一个完整的家解体，几个新的家庭成立、诞生。分家，主要是分财产。正如麻国庆所说："分家一般指的是已婚兄弟间通过分割财产，从原有的大家庭中分离出去的状态和过程。"其中一种情况就是父母分别寄附在某个儿子家中生活。何柃的诗歌正是情景式再现了这一旧俗，并暗含着现代人对这一传统现象的冷思考。

整首诗由两个场面构成。一是"中人"主持下合乎规范的公平分家。分家的主持人叫"中人"，又叫"公亲"，负责把原大家庭的家产、财务情况调查登记清楚后，再把所有财产分成若干等份，原则上一个儿子占一份。中人是有威望的，也是公平的，因而场景一毫无冲突，老两口有了各自的归属，"房梁屋舍""田地菜园""猪鸡牛马""大样家具家电"也无争议地分到了大小儿子的手上。

但是，小件物品和生活用品，得双方各自协商处理，中人就不必参与了。按理说，不过是小件物品和生活用品，兄弟俩毕竟还是兄弟，商商量量也就结了，毕竟今后还要过日子。诗中的大小儿子似乎也没有为此而面红耳赤。但没想到的场面出现了，这就是叙事类口语诗歌的魅

117

力,一如小说,情节陡转,诗歌的第二场景次第展开——

"老倌环视一圈/起身把一箩筐碗抱起来",想带回自己今后要长期生活的大儿子家。饭碗嘛,蛮重要的。但老奶岂能让老倌占了便宜,抢了饭碗,便"赶紧跑过去/拽了过来",毕竟要长期生活在小儿子家,也得挣个面子嘛。于是,老两口拽过去,拽过来,好生动的一幅乡村图。有些让人忍俊不禁的戏剧化画面出现了——音响效果是"哐啷一声",主人翁是"人仰马翻"。

诗歌到此戛然而止,却犹如撞钟,余音不断,让我们不得不陷入思考——为什么"这对相濡以沫五十多年的老夫妻"会以这样滑稽的方式收场?他们又将怎样去面对往后余生的日子?

中国式的分家的确上演了很多闹剧,而这一出闹剧颠覆了我们对爱的认识。哐啷一声,爱一如那一箩筐的碗碎了一地,我们歌咏的"伉俪情深""比翼连枝""琴瑟和鸣""同甘共苦""白头偕老"的夫妻恩爱,最终也只能"人仰马翻"。其实,所有关于爱的最美词汇,这一刻都变得矫情起来,竟然抵不过"一箩筐的碗"的价值,或者说价格。这与其说是生活的残酷,不如说是旧俗的荒唐;与其说乡土中国让乡土社会趋向稳定,不如说乡土文化有时也异化着乡土最淳朴的人际关系。

家可分,情不可分。但斤斤计较的分家,必然导致情的不堪一击。《分家》可归属于当代乡土文学,是一首可圈可点的口语诗。作为时代的诗人,我们有责任以诗歌的形式引领人们去剔除我们文化中的糟粕,反思之后,才能更好地树立文化自信!

人生最早的电影

王飞

那年我六岁

全家移民内蒙古

模糊记得那天

透过窗户

看爷爷带领爸爸兄弟几个

和本地人打架

蒙古人骑着摩托车

飞来飞去

爷爷他们站在原地

手里拿着斧头和铁锹

我扶着窗台

向外张望

窗户就像荧幕

人生是一场电影

男孩儿成长的节点
——读王飞诗歌《人生最早的电影》

人生最早的电影，总会于岁月某一时刻，在你的心灵影院，缓缓播放，并唤起你最初的心跳。我至今还记得当年的《小兵张嘎》，记得《智取威虎山》，都让我心中有一个不灭的英雄梦。

王飞诗歌《人生最早的电影》，将童年的一段见闻比喻成人生最早的电影，这一比喻具有了艺术性，在怀旧的情绪中，我们看到了关于男孩儿成长的节点。

诗人巧妙地设置了讲述故事的场景——窗外和窗内。这构成了影院模式：看和被看。窗户就像荧幕——窗内，是六岁的"我"，窗外是成人的戏剧情节。"我"的视角也构成了读者的视角，我们一起看到了一场冲突和纷争。

诗人用笔极为简约，交代了事件的起因。"我"六岁那年，全家移民内蒙古。读者一定会想象那原始壮丽的风光，耳边会萦绕那苍凉旷远的牧歌，甚至会浮现出剽悍牧民生动的剪影。但这部电影里，省略了这一切，因为生活不只有诗意的远方。

现实是随之而来的，是让童年的"我"有些心惊胆战的场面，"我"是"扶着窗台"目睹这一切的。

诗人通过镜头转换形成了电影语言。

男孩儿成长的节点——读王飞诗歌《人生最早的电影》

镜头一该是长焦,"我"透过窗户"看爷爷带领爸爸兄弟几个 / 和本地人打架"。为什么打架,原因不得而知,或许这根本就不重要。人生处处都会有纷争,外地人和本地人有时只能经过争斗而最后言和,这是童年时代的"我"暂时无法理解的。但终有一天,孩子也将成为纷争的主角。

镜头二该是中镜头,"蒙古人骑着摩托车 / 飞来飞去",马背上的民族骑的不是骏马,而是摩托。看来,这不是逐草而居的时代,而是发生在港片已流行的时期。这"飞来飞去",极为传神地看到骑手的矫健,蒙古族骨子里的血气依然在澎湃。

镜头三,是"爷爷他们站在原地 / 手里拿着斧头和铁锹",对峙着。"斧头和铁锹"当然是农民赖以生存的工具,也是他们自我保护的武器。他们骨子里的倔强,在这一刻同样显得如此富有力度。

这是力与力的较量,是男人与男人的宣战和应战,是解决问题最刚性的方式。"生活即教育。"我想,对六岁的男孩儿来说,这场面、这经历,就是一部十分具有原初教育意义的电影。当"我"在看这部电影时,"我"在成长,是从一个小男孩儿到男人的成长。

中国第一位教育博士郭秉文曾说:"教育贵于熏习,风气赖于浸染。"我想,在接受了这样生动的现行教育之后,"我"应该知道男人的本色就是不示弱、不逃离,就是在硬碰硬中去书写自己的传奇。

当然,我不是在忽略法治教育,更不是在宣传暴力教育,而是从人性的角度去解读,男孩儿在最初的教育中要习得天下男人最可贵的"威武不能屈"的精神,获得男人最可贵的"人可以被毁灭,却不能被打败"的人格力量。

正如法国小说家罗歇·马丁·杜·加尔在《蒂博一家》说:"永远是独一无二不可替代的事物:这是童年的回忆。"你在这个年龄接受的一切,看过的"人生最早的电影",可能最终影响你一生的品质!

第一张情书

西余

在小学二年级的时候

我给同桌写了一封情书

刚学会"爱"字的我

想试试这个字的威力

没想到她竟然同意和我结婚

每当放学

她都要和我走在一起

跟我说——走,我们生孩子去

这个孩子取名为余爱柳

她一天天地长大

长大

然后又消失不见

小狗般的恋爱，总让我们感动
——读西余诗歌《第一张情书》

昨天，商量四十年初中同学会的事，想起曾给班上暗恋的一位女生写了人生第一封也是唯一的一封情书，一时兴起，写了一首小诗《第一封情书》，没想到今天傲夫诗社推出的西余诗歌也叫《第一张情书》。所不同的是，我写的是十五六岁的"恋爱"，他写的是七八岁的"爱情"，看来西余的爱比我的来得还要早。哈哈，开个玩笑而已。玩笑之后，我在想，很多人内心都藏着一个最初萌芽的透明又简单的"爱情故事"。

之所以将恋爱、爱情加上引号，我是想表明，我们只是把那一段美好的经历冠以了美好的名词，但那真的不叫爱情，却又真的是人生过往中挥之不去的最早的、最初的爱情。

这是一首特有情趣的诗。"趣"在诗歌前半段童话般的讲述，"情"在结尾时流露的怅然若失。

小学二年级，仅仅因为刚学会了"爱"字，就"想试试这个字的威力"，于是"我给同桌写了一封情书"。"我"会写这个字，但哪里知道这个字要用整个心灵、要用漫长一生去解读。小男孩儿和同桌女生关系不错，他把人生第一个"爱"字送给了她，也想揣摩这个字，是否真如大人们说的那么有威力。

最妙的,是"没想到她竟然同意和我结婚",来得好直接,好干脆,我猜想男人们真希望多年后遇到一个心仪的女孩儿,女孩儿可以这般爽快接受爱。更直接的,是"每当放学/她都要和我走在一起",竟然还"跟我说——走,我们生孩子去/这个孩子取名为余爱柳"。我想,就是成熟的男人,面对女性这样"火辣辣"的回应,也有点措手不及。这只可能是小女孩儿的童言童语,却又如此率真,让我们的心即刻柔软起来。小女孩儿形象呼之欲出,得力于诗人在叙述中的形象描写,来得真,来得不露痕迹。

我们都知道,那不是恋爱。心理学家早已给"恋爱"一个定义,那就是"恋爱是一个人在生命历程中能够自主、自愿、自由建立的一种亲密关系。谈恋爱的意义就是让自己和所恋、所爱的人彼此倾慕、互相关心,能够互相理解、互相帮扶,并期盼能够信守承诺,永葆爱情"。

小孩子说的爱情、结婚,和我们想的不一样。从心理学上说,那是"小狗般的恋爱"。在幼儿期,孩子的爱情其实是游戏。他们纯真地认为爱情就是"你对我好,我也对你好",认为爱情就是"两个人天天在一起",就是和"自己喜欢的人一起玩"。喜欢了,就要结婚;结婚了,就要生孩子;生孩子了,就要给孩子取个名字。"余爱柳",好漂亮的名字。你的姓,我的姓,用"爱"连在一起,这才是爱的结晶和证明。很显然,孩子的天性是模仿,这是小女孩在模仿成人的恋爱、求婚、结婚,或者在模仿中渐渐习得和异性经营情感的外在模式。

孩子本是一张纯净的白纸,他们试图像成人一样画出他们最初的关于爱的样子。在历经爱的风风雨雨后,我们早已丢失了这份纯真,所以读着读着,竟让我们感动起来。

"草木要发芽,孩子要长大。"成长的代价就是丢失纯真,就是开满鲜花的心田慢慢长满荒草。"她一天天地长大 / 长大 / 然后又消失不见"。小女孩儿长成了大姑娘,成了别人的新娘,成了真正的女人,这就是诗人所谓的"消失不见"吧。谁也不会将孩提时的一句话当作承诺,谁都会在成长的过程中淡忘儿时的游戏。但如梦如烟的往事,又可能在某一个时间的路口浮现。诗人用回环的句式,暗示轻若羽毛、薄如蝉翼的惘然——轻轻一回头,原来还曾有过那样有趣的时光,清澈见底的爱。

行笔于此,想起前些天侄孙女幼儿园放学回家,嘟着小嘴说她要和小刚离婚。小刚是她幼儿园最好的朋友。我问为什么,她说小刚把巧克力给了别人没给她。哈哈,我笑了,我知道我的笑声,盛满了童趣!

蜜蜂的心思

王若南

几个马蜂守在巢外

欲捕捉小蜜蜂

我怕所有种类的蜂子

但看到惊恐发抖的蜜蜂

还是拿起木拍子

想打死马蜂

却被蜜蜂连蜇数下

蜜蜂蜇我的心思

大约跟某些人的一样

它怕的是马蜂

不害怕我

又像另一种人那样

我与马蜂生死相搏时

能趁机打我个措手不及

或者它觉得我

发现它怕马蜂的丑态

或许是它要告诉我

好心未必有好报

这些都是猜测

静心想来

可能是我缺少养蜂技术

吹皱一池春水，干卿底事
——读王若南诗歌《蜜蜂的心思》

吹皱一池春水，干卿底事？

"几个马蜂守在巢外／欲捕捉小蜜蜂"，这是马蜂和蜜蜂的事，关你何事？更何况"你怕所有种类的蜂子"，为何不避而远之？诗人内心是充满英雄主义的，所以"还是拿起木拍子／想打死马蜂"。这一举动，落得个尴尬的结局，不是敌人马蜂向你攻击，而是你想拯救的弱者蜜蜂将你"连蜇数下"。你的勇敢，得到了最无情的奚落。

不过这蜜蜂是什么样的心思呢？诗人竟然开始了多维猜测，这似乎显得有些傻气了。但真要深入去想，还的确有些意思。

存在主义哲学认为，"他人是地狱"，主体与客体是对立的关系。你有意识，"蜜蜂"也有意识，在彼此的"凝视"中，双方都会为了自我的主体性而把对方当成客体，使自己成为事态的掌控者。因此，萨特说，"他者是冲突的根源"。在马蜂与蜜蜂的大战中，你的掺和，让你成了新的"他者"。蜜蜂并不愿意你将它当成你意识的对象。那是它和马蜂的事，自然生存原则是它们的定律，与你无关。你不要把自己太当作个人物，不要以为自己就是拯救世界的上帝。我蜜蜂怕的是马蜂，又不害怕你这个人。更何况，你发现我蜜蜂怕马蜂的丑态，我当然不能接受这样的耻辱，所以你是我新的敌人，我要乘机打你个措手不及，你活该"好心未必有好报"。

那么,最终是你自己犯了错,你还要冥思苦想而不得。这表明你喜欢在对方找原因,不过仍然是你想掌控一切,你只是想寻找推卸责任的借口。这实质是在为自己设下牢笼,结果你自己最终成了你自己的地狱。最后诗人明白了,"可能是我缺少养蜂技术"。你终于回到了自身,才走向了在地狱中自我救赎的路。

但这首诗很有价值。清代文学家袁枚在《随园诗话》中说:"诗人爱管闲事,越没要紧则愈佳,所谓'吹皱一池春水,干卿底事也'。"这是"吹皱一池春水,干卿底事也"的另一解读,我认为也恰好可见《蜜蜂的心思》这首诗独特的佳处来。袁枚十分赏识陈德荣《七夕》"笑问牛郎与织女,是谁先过鹊桥来"这样的诗句,也认为杨铁崖《柳花》"飞入画楼花几点,不知杨柳在谁家"这样的诗句。牛郎与织女谁先过鹊桥,柳花落入谁家,本也没有必要求证。但这一玄思,却颇有诗意。这就是诗人的"爱管闲事"。《蜜蜂的心思》,诗人竟要去求证蜜蜂蜇自己的心理依据,看似荒唐,却又让我们想到更多关于生命的思考,就十分有意蕴的厚度了。

而这份厚度,是源于诗人的痴情、纯真和赤子之心,也就是率真的天性。诗人拍马蜂是率真的,诗人的猜想是率真的。唯有这份率真,才成就了这一首小诗。"率真"做人,也"率真"写诗,诗歌也就真正地率真了!

鸟

蓝风

一只黑色的小鸟

站在红绿灯上

每隔一会儿

就会叫上几声

它以为是它的鸣叫

决定了红绿灯的交替

趣在诗中，各随所得
——读蓝风诗歌《鸟》

蓝风诗歌《鸟》，再次证明好诗是值得玩味的，特别当诗歌蕴含无穷的趣味。

我很难给这首诗定位，特别是它的旨趣。唯因其难以定位，才足见这是一首具有多义性的诗作。我不知道诗人的初衷，但诗人的初衷对我们解读文本并不重要，一如谭献《复堂词话》所说的"所谓作者未必然，读者何必不然"，也如法国诗人瓦勒利所说的"诗中章句并无正解真旨，作者本人亦无权定夺"。艺术鉴赏具有审美差异性，同一部作品，不同鉴赏者可以仁者见仁，智者见智，同一鉴赏者站在不同的角度，可以领略不同的意蕴。

站在儿童的角度，这是富有童趣的儿童诗。这只黑色的小鸟是可爱的，它对世界充满了好奇。小鸟站在红绿灯上，时不时啼叫几声，红绿灯恰好时不时变换着色彩。天真的小鸟自然会认为是自己的鸣叫，决定了红绿灯的交替，并乐此不疲。孩子最擅长简单推移思考，他相信天上的星星和自己一样眨着眼睛，也相信太阳公公每天是和自己一样睡醒后来到窗前。他们不要"你以为"，而是以"我以为"来进行思维判断的。所以他们与其说相信世界，不如说更相信自己。也正因为这样，我们才喜欢小孩的单纯，才不想让他们过早失去这一份童真。

趣在诗中，各随所得——读蓝风诗歌《鸟》

站在成人的角度，这是一首讽喻诗，具有反讽乐趣和深意。一个高高在上的人，一旦控制欲膨胀，他就变得十分固执。有了这份牢不可破的固执，他就相信自己在左右着这个世界。身居高位，权力在手，他坚信是自己在操纵他人的命运。你的工作是我给的，你的待遇是我给的，你的一切的一切，没有了我，就都将化为泡影。于是，他可以霸道，可以无视自我之外的一切存在。可当有一天，他发现自己不鸣叫，红绿灯照样闪烁，他发现自己并不是救世主，现实必将给他一记响亮的耳光，让他最终闭上了嘴。生活中，不是有很多这样自以为是的人吗？他们和孩子一样不要"你以为"，而是要"我以为"，可最后只能落得个世人的嗤之以鼻。

站在哲学的角度，这是一首哲理诗，充满了理趣。认识论不是唯一的，其中主观唯心主义是一大流派，也有自圆其说的理论体系。这一派别把人的主观意识看作世界的本原，把世界上的一切事物都看作人的主观意识的产物。一如"存在就是被感知"观点，也如陆王心学认为"心即理""吾心即宇宙""心外无物""心外无理"等主张。想一想，你就是这个世界的主人，每个人生活的世界实际上是由你的内心决定的。因此，小鸟是快乐的，它相信是它让红绿灯在自己啼叫的节奏里有节奏地闪烁着。像这只小鸟一样的人，他是快乐的，这份快乐源于"他以为"，他的快乐与他人无关。

以上解读或许牵强，但我相信"有一千个读者就有一千个哈姆莱特"。我相信这首诗，还会遇到更多知音，给予更多个性化的解读。

能强伯伯

孙锐

能强伯伯做点小生意

手上有些活钱

和好几个婆娘缠夹不清

特别是和漂亮的四婶

有一次给四叔抓了个现行

两个男人大打出手

弄得两败俱伤

大家本以为能强伯伯

这一下会和四婶断绝来往

但两个人还是勾勾搭搭

四叔无奈,只好带着四婶

跑去上海打工

一去就是二十多年

几乎杳无音信

大家看见能强伯伯每天

都要围着四婶家

转悠几圈

就像一只帮四婶看家的

老狗

今春下了一场大雪

压塌了那三间瓦房

像狗一样活着
——读孙锐诗歌《能强伯伯》

  优秀的诗人不会将自己推至道德制高点，对生活指手画脚；也不会像圣人一样，以布道者身份告谕人们什么是真善美，甚至去评判生活的该与不该。万象人生，人生万象，无数的活法，就是无数的存在。存在即合理，诗人只想通过他的作品，呈现一种生活状态，一如在生活千姿百态的《清明上河图》中，聚焦一隅，看他们的悲与喜，笑与泪，或者无声无息，或者惊天动地。诗人本身无权参与其中，但可以自己看到也让读者看到有人这样活着。

  孙锐就是这样一位诗人。读过一些他的诗歌，大抵是写普通百姓的生活事件。他的《能强伯伯》，就是这样一首来自生活的作品，让我们看到了这样一个人，并由此看到了一类人的情感世界。

  能强伯伯何许人也，不得而知，"能强伯伯"只是一个无姓的称呼，"伯伯"可见其年长。婚否？不得而知，从诗中可隐约看出是单身。他就是千千万万男人中的一个，就是和我们一样普通得不能再普通的老男人中的一员。生活显然不易，但"能强伯伯做点小生意/手上有些活钱"，在村里也算是有些阔气的人士。于是"和好几个婆娘缠夹不清"。这"缠夹"一词，何其生动，足见能强还是有些魅力的，不管这是钱的魅力还是其他。不是男人有钱才变坏，而是人们骨子里都藏着一

像狗一样活着——读孙锐诗歌《能强伯伯》

只困兽。只是有钱了,才可以让困兽出笼罢了。这也就是现实中早已稀松平常的事,不可大惊小怪,也无须非来个道德评判。

不过这能强伯伯还是有自己尺度的。如果说与那好几个婆娘的厮混是肉欲的满足,但他对漂亮四婶应是有欲又有爱的。为了她,"两个男人大打出手/弄得两败俱伤"。知趣的男人也该收手了吧,可故事没有结束,"两个人还是勾勾搭搭"。"勾勾搭搭",似乎有些贬义了,但很形象地看到这对男女已难舍难分。四叔最终败下阵来,只能以"带着四婶/跑去上海打工"这样的方式来解决问题。这一"跑",是无可奈何,是"厌"的表现,反衬出能强伯伯还是又"能"又"强"的。

如若是逢场作戏,故事到这里真该结束了,那这首诗也就毫无价值了。好的现代口语诗,有时关键看故事的翻转或"续集"。诗人将故事延展了二十年。在对四婶"杳无音信"的二十年,能强伯伯却能"每天都要围着四婶家/转悠几圈/就像一只帮四婶看家的/老狗"。每天,持续二十年,做着一件看不到任何希望的事,谁能做到?而能做到的,或是看不到希望却又抱着一丝希望的人。此刻我们再将两人的故事捋一捋,我坚信,四婶是能强一生真正迷恋的女人,是让他最终沦陷的女人。这是不是爱情?是不是同样可以让我们为之而打动的爱情?哪怕他根本已滑出一种底线。对一个用情的男人,底线可能是最容易崩溃的防线,可能根本就没有在他的人生词典里存在过。

诗人那一句"像一只帮四婶看家的/老狗",特别耐人寻味。"像狗一样活着"这句话,我最早是在电影《芙蓉镇》中,于艰苦环境下秦书田对胡玉音的一段对话中听到的,那是一种坚忍面对人生的态度。在这首诗里,我认为同样不是一句骂人的话,也不是嘲讽之语,而是暗示着卑微与无奈，以及对"像狗一样忠诚"的褒扬。所以诗人最后写道"今春下了一场大雪／压塌了那三间瓦房"，这才是故事的最后落幕，这是典型的以景结情写法，是余韵无穷的艺术表达。看似多余，却让我们在悲景中泛起心中的悲凉来，这就是诗歌的共情效果。诗人不是道德家，但诗人首先是人，诗人的作品就不能不流露出自己的情感态度。

  我认为，这是来自生活的诗，像村庄的泥土一样朴实之诗。乡土中的人物，乡土化的人情世故，乡土味的口语，让诗人在生活叙事中摆脱了文人的矫情。看似没有诗情画意，反而构成了诗歌独有的美。这样的叙事口语诗，其审美是不动声色的，却又是可以搅动内心的，因为它是接地气的。

病根

张金虎

吃大食堂，第二年

我姐三岁

冬季，每天早晨

提个拳头大的小篮

在食堂门前

捡，洗红萝卜时

切掉的根

那十个手指头

冻得，比红萝卜根

粗了许多，从此

落下病根，现在

每逢阴天

还痒痒地疼

苦难是生命的鲜艳印记
——读张金虎《病根》

苦难，是人生的一种经历，也是社会的投影。只有历经苦难的人，才知苦难有多痛，一如张金虎诗歌《病根》，读完之后，心里是"痒痒地疼"。

"吃大食堂"，将我们拉回一段历史的记忆。那是二十世纪五十年代末的事，集体化、公有化的浪漫与荒诞，灾荒年、大饥饿的挣扎与无奈，这是生活在当今千帆竞发、衣食无虞时代的人们所难以想象的，但却是中国史册上抹不掉的一粒灰。诗人没有宏大的历史叙事，也没有振聋发聩的反思。他只是冷静地叙述六十多年前"我姐"的经历。

吃大食堂，饥肠辘辘。在肚子填不饱的日子里，孩子哪里还有她该有的童趣，哪里还有她该有的样子。只有三岁的姐，也被饥饿磨炼成讨食的动物。小小的年龄，哪怕在冬季，在每天早晨，"提个拳头大的小篮"，做着一件生活大事——"捡，洗红萝卜时／切掉的根"。这是红萝卜的根，是食物，在那个特殊时期，其实已算是美味佳肴了，远胜于没食物。

那年月，三岁的小女孩儿，哪有什么手套，哪有什么防冻霜。于是，诗人为我们呈现了一幅鲜明的画面——"那十个手指头／冻得，比红萝卜根／粗了许多"。这画面，让我怎么也无法和三岁的女孩儿联系起来。小女孩儿的手指，本该是白白嫩嫩、胖乎乎的，但诗人为我们呈现的是时代真实的画面，带给读者视觉冲击力，因而具有一种震撼人心的力量。

姐，"从此／落下病根，现在／每逢阴天／还痒痒地疼"。诗歌戛然而止，但我们看到了苦难，体会到了抹不去伤痕的苦难。诗题为《病根》，结尾巧妙点题。这让一个人大半生都"痒痒地疼"的"病根"，它源于什么，又暗示着什么，有头脑的人都不言而喻，尤其是经历过那段苦难岁月的人们。这也不由得让我们反思，所有的苦难，背后都有一个极为沉重的话题。

诗人以小见大的作品，将寓意留给了人们。我更想说，我们该如何去面对苦难。苦难，是艺术作品中不可缺席的内容，但苦难不能炼成诗，因为苦难本身没有任何诗意。我们都难以像余秋雨先生那样充满诗意而又豁达地说出"把伤痕当酒窝"，因为没有一个人愿意伤痕累累。我们也不会再像中学生一样矫情地说"没有经历地狱般的磨炼，怎么有创造天堂的力量？没有流过血的手指，怎能弹出惊世的绝唱？"更没必要以"自古雄才多磨难，从来纨绔少伟男""宝剑锋从磨砺出，梅花香自苦寒来""不经一番彻骨寒，怎得梅花扑鼻香"这样的诗句来幼稚地认为苦难是人生奋进向上的催化剂。当然更不该无聊到将苦难雕琢粉饰，自欺欺人，认为苦难是奢侈品，是"红肿之处，艳若桃花；溃烂之时，美如乳酪"。

书写苦难，也不是一种控诉。如果说生命是一件衣裳，苦难就是衣裳上的补丁。有时，补丁可能比整件衣裳更显眼。所以苦难不过是生命中十分鲜明的印记，写出来、画出来，甚至唱出来，也许让我们能最终暂且释怀，最终不要将这一病根代际传承。

开洒水车的表舅

寒玉

我光棍儿表舅

自从开上我们镇

有史以来

第一辆洒水车

他认为是这辈子

最亮堂的时光

他的洒水车一天

早中晚三次

在镇上的主干道洒水

每次洒水都伴着

《兰花草》的曲调

尖锐刺耳令人避之不及

表舅的洒水车

从不避让任何人

每次都开足马力

路面被滋得飞沙走石

遇见的没有不骂的

开洒水车的表舅

表舅的洒水车

即使大雨瓢泼

也规规矩矩在街上洒水

开了三年洒水车

表舅得癌症很快死了

有人说是报应

不过《兰花草》一响

街上还有很多人

想起我那个开洒水车

比镇长还威风的表舅

默默骂他句：狗日的

人可卑微，但不可滑稽
——读寒玉《开洒水车的表舅》

读寒玉诗歌《开洒水车的表舅》，一个小人物的形象跃然纸上。诗人看似话痨，没完没了讲述着表舅的故事。较长的篇幅，也看似啰唆。但读者听着诗人平静的讲述，一步步被带入，一步步和表舅零距离般接触，渐渐有了感触和思考，就不得不佩服诗人张弛有度的叙述能力，这恰是口语推崇的"将诗意隐藏在客观叙述中，最终达成读者主观的领悟"这一写作技术。

整首诗，只开头出现了一次"我"，"我"是叙述者，是见证者，但"我"不是参与者。由"我"来叙述他人的故事，这是口语诗常用的模式，只是在告诉读者，社会中真实存在这样一类微若尘土的人，他们在以自己的方式或悲或喜地上演着人生的轻喜剧。

诗人第一句话点明表舅的身份——生活在小镇上的一个光棍儿。能称之为光棍儿的，至少是没有妻子的成年人，至少是"爱的需要"没有得以实现的人。生活在有史以来有第一辆洒水车的小镇，那也只能算是渐入文明的环境。能将开上这辆洒水车，就"认为是这辈子/最亮堂的时光"，足见表舅也没什么其他更可炫耀的能力。由此，人物本身的特质体现出来——缺爱和卑微的普通男人。

最初，读者以为他深爱着他的工作——

人可卑微，但不可滑稽——读寒玉《开洒水车的表舅》

> 他的洒水车一天
>
> 早中晚三次
>
> 在镇上的主干道洒水

能每天这样早中晚坚持为镇上洒水，可谓不辞辛劳。这样的普通而敬业的劳动者，值得这个社会肯定。因为每个人的社会角色不同，社会分工不同，从没有高低贵贱之分。

可接下来表舅的做法有点让人不能理解了——

> 《兰花草》的曲调
>
> 尖锐刺耳令人避之不及
>
> 表舅的洒水车
>
> 从不避让任何人
>
> 每次都开足马力
>
> 路面被滋得飞沙走石
>
> 遇见的没有不骂的

他可以这样目中无人，将好事推向了反面，就像诗歌中出现两次的《兰花草》。我认为这是整首诗最妙的艺术处理。"我从山中来，带着兰花草，种在小园中，希望花开早……"由胡适诗歌改编的这首校园民谣，我们耳熟能详，充满温馨而富有诗意情调。可它一旦成了洒水车的音乐，变得如此刺耳。卑微的人，也可以是一株兰花草，默默散发幽香，然而落入喧嚣市井，就异化了本色。

更没想到的，是他"即使大雨瓢泼/也规规矩矩在街上洒水"，这一举动就非常态了。诗人欲抑先扬，到此我们看到了一个有些病态的表舅。

是什么导致了他的异样表现呢？

我想起初中物理学中学到的能量守恒定律："能量既不会凭空产生，也不会凭空消失，它只能从一种形式转化为其他形式，或者从一个物体转移到另一个物体，在转化或转移的过程中，能量的总量不变。"同样，人生也有一个"能量守恒定律"。一方失去，往往转化为另一方的获得或补偿。表舅是光棍儿，也许生命的能量无处释放，就会在另一件事情上去释放自我，来获得卑微的快感。所以，他并没有将洒水当作一份职业，而是以恶作剧来消遣人生，这是十分阴暗的心理补偿。"雨天洒水"，那更是无聊至极后的宣泄了。

每个人都想得到存在感，所谓存在感就是个人企图被他人注意而产生的感觉，是一种精神层面上的满足，这本身无可厚非。但越卑微弱小的人，越渴望刷存在感，一如哗众取宠，这就成了可怜的存在感。表舅溅起水花，人们避之不及，他觉得自己"比镇长还威风"，他获得了存在感，但他最终获得的是——

开了三年洒水车

表舅得癌症很快死了

有人说是报应

不过《兰花草》一响

街上还有很多人

想起我那个开洒水车

比镇长还威风的表舅

默默骂他句：狗日的

故事结束了，却没有太多悲感。因为生活中，我们常常看到这样的小人物神气活现,看到一种无价值的东西打破了生活的常态。哀其不幸?怒其不争?似乎都不是,只不过社会上总有这样一群人,以幻想的价值取代自己存在的价值,最后将自己扮演成了滑稽的角色!

环保

崔后明

好多次

我们白天关门

晚上干活

想我小民

为了生计

开一印刷作坊

好比在深山老林

生火做饭

冒一缕炊烟而已

决计不敢

放火烧山

制度若有温度
——读崔后明诗歌《环保》

  人制定的制度，本质是确保社会整体的良性运行，是文明的体现，所以古人说"无规矩无以成方圆"。人又往往沦为制度的产物，制度又可能成为牢笼。特别是当社会陷入"制度迷信"，制度就失去了它应有的价值。读崔后明的《环保》，有一种痛，正是来源于"制度万能"让"小民"无所适从之痛。

  环保是我们共同关注的社会话题，因为这是关系到我们生存家园的大事，是泽被后世、造福子孙后代的功德。因而在市场经济的今天，必须要有刚性的制度确保人与自然的和谐共生，治理生态环境的所有环保举措，本身是大国的明智之举。

  但是，当某些人以制度将人推向生存的边缘，那制度是否有了被异化的可能？特别是拿制度一刀切，"霹雳手段"看似体现制度面前人人平等，不搞特殊化、人情化的公正性，但少了菩萨心肠的简单粗暴的做法，反而暴露出执行制度者真正的不作为。

  诗中的"我"，不过是一介小民，不过"为了生计，开一印刷作坊"。一定不要忘了，仅仅是为了生计，为了口腹。没有了这小小的印刷作坊，可能使这家人有了冻饿之虞，使这家人失去了生存的可能。我们都知道，印刷厂的噪声污染、蓝水污染是严重的。也许正因为这样，印刷作坊被叫停了。但肚子的反抗，让小民不得不像做贼一样，"白天关门，晚上干活"。这样提心吊胆，何时是一个尽头？

诗人以"护林防火"当今社会又一重大话题，设下一个恰切的类比——

> 好比在深山老林
>
> 生火做饭
>
> 冒一缕炊烟而已
>
> 决计不敢
>
> 放火烧山

是呀，如今，为了保护森林，为了防止火灾，当然不能掉以轻心，毕竟这是付出了血与生命惨痛代价的大事。但若一刀切，那生活在山中之人，是不是也该禁火，应该长年累月、世世代代吃冷食呢？诗歌前后构成浑圆的整体，具有了诗歌的审美意味。

该诗让我们将目光聚焦于人和制度构成的"矛盾统一体"。如何解决好人与制度的关系，则是现实必须用心权衡的。柳宗元曾说："经非权则泥，权非经则悖。"制度是"经"，是需要恪守与遵奉的。同时，制度还需具有"权"，即可以权宜、权衡的。想起邓小平曾说："制度问题更带有根本性、全局性、稳定性和长期性。""制度好可以使坏人无法任意横行，制度不好可以使好人无法充分做好事，甚至会走向反面。"所以，制度还要有温度，那就是人性的温度！

我们设想，如果执政一方的官员，心系百姓，能用环保技术让小民解决排污问题，小小印刷作坊运作起来，是不是至少可以给这一家人带来对美好生活的憧憬？我们设想，如果执行制度的人，不以制度压人，而是心系于民，用智慧找到一条利民之路，那么制度的威严不减，又不会变异为套在小民脖子上的一条绳索，这世界就真正和谐了。我想，这才是制度的"初心使命"！

　　一首小诗，之所以能触动内心，正在于诗歌具有深刻的内核。以小见大，带给我们更多的思考，这就是口语诗所具有的事实性、生活性、现实性。

吃亏

耿乐泉

他找你给他
干活儿
在合理的劳动报酬上
活儿干完以后总是
克扣百分之五十以上

每当遇到这种事
总有人跟我们说
"吃亏是福"
那为什么对方
总想着占便宜呢?

也谈吃亏是福
——读耿乐泉诗歌《吃亏》

初读耿乐泉的诗作《吃亏》，我便喜欢上了。因为是诗社推荐的新人，所以也看了看作者简介——

耿乐泉，1998年生，山西人。脑瘫患者，行动不便。喜读书，不求甚解。纠结、忧伤、恐惧、紧张。

其实我极不喜欢知人论世，那样难免牵强附会。读诗就该是纯文本阅读，就是透过一个个文字连缀而成的句子、构成的章节去捕获内心最真实的阅读体验，从而上升到理性认知。但作者简介中几个关键词，我怎么也没法忽略。

"90后"，二十五岁，人生创造价值的年龄。"脑瘫患者，行动不便"，八个字何其沉重，便可想这二十五岁的人生，正历经着多少人不能承受的东西。"喜读书，不求甚解"，可见他是一个渴望在精神世界抵达高度的知性之人。然而，"纠结、忧伤、恐惧、紧张"，四个词语，足以透视诗人最真实的内心。

再读他的诗，我已抑制不住情感的潮水。诗人讲述的事实，不一定是诗人自己的经历，但一定是像大多数的我们都有过的类似经历。在这个逐利的时代，付出和回报是难以对等的。既然能让你干活儿，那这个人、这类人，甚至这个阶层，往往有着优越感。给别人干活儿的人，往往是难以掌握自己命运的人,所以只能老老实实干活儿,只祈求能得到相应的劳动报酬。但高高在上的人,也许天性贪婪,他要克扣你该得的那一份;也许他并不缺这点小钱,偏要在克扣中获得一种心理满足。所以,在金字塔社会成员结构中,越处于底层的群体,越是吃亏的群体。

吃亏了怎么办?哑巴吃黄连,有口说不出。忍,忍,忍字心上一把刀。既然不是水浒好汉,你最终还得一忍再忍,因为作为普通人,面临着更可怕的困境是没有人要你干活儿,甚至克扣你百分之五十以上的人都不要你干活儿了,你还能做什么?

正是基于这一种心态,克扣可以成风,剥削可以名正言顺。这世间,最不缺的就是人,尤其不缺卖苦力的人。

于是,有一种"吃亏是福"的普世哲学诞生了,并根植于传统文化之中,口耳相传,薪尽火传。诗歌这样写道,"每当遇到这种事/总有人跟我们说/'吃亏是福'"。这一耳熟能详的成语,就成了一种关心你的人的真诚劝诫,也成了老实巴交的人万般无奈的自我安慰。

我于是想追溯"吃亏是福"的本源。

记得佛经上有一个故事:

昔日寒山问拾得曰:世间谤我、欺我、辱我、笑我、轻我、贱我、恶我、骗我,如何处治乎?

拾得云:只是忍他、让他、由他、避他、耐他、敬他、不要理他,再待几年你且看他。

这是佛的因果轮回观,是佛的境界,可大众能成佛的毕竟是少数。

我又想到"吃亏是福"这一句话最早应该出自郑板桥之语(没有确切考证)。他说——

满者损之机，亏者盈之渐。损于己则益于彼，外得人情之平，内得我心之安，既平且安，福在即是矣。

人一旦达到丰盈充足，就必将开始耗损；若一个人亏损，则会渐渐充裕起来。自己吃亏，则利于他人。这样一来，彼此得到了内心安宁，就是一个人得到的福气。

如果每一个普通人都如郑板桥悟出"吃亏是福""难得糊涂"的人生哲理，那满者不克扣他人，亏者不满腹牢骚，这世界真的会相安无事，一片和谐。

毕竟，理想是丰满的，现实是骨感的。心理学家费恩伯格曾说："任何人最终所能够欲求或寻求的东西只能是他自己的个人利益。"也就是说，利己是人的本能。克扣者在逐利，吃亏者想止损，这是再自然不过的事情了。所以诗人在最后开始追问——

那为什么对方

总想着占便宜呢？

这也是我认为该作品的亮点。自己受损还要说吃亏是福，那获利益方没福了吗？既然没福，他还用得着锱铢必较，甚至贪心不足？

现实中，普通人的"阿Q"精神胜利法是最可怜的屈服，巧取豪夺者正是利用了弱者的心理而心安理得，这也就导致了社会更多的戾气。

至于如何解答诗人最后的提问，我们都没有答案，只能像鲁迅一样——"呜呼，我说不出话"！

搬运工

潜川

在鸡蛋库有搬不完的鸡蛋箱

搬鸡蛋箱

是不得不做的工作

这是一箱一箱沉重的鸡蛋

从各个县运来的鸡蛋

而自己

要整天面对这些

永远搬不完的鸡蛋箱

叹息发愁

觉得这样搬下去

搬不出什么结果来

后来后来再后来

搬着搬着就搬烦了

并开始扔鸡蛋

先一个一个扔

再一把一把扔

扔着扔着还不够

就整箱整箱推翻在地

再后来

就把一推车鸡蛋箱打翻在地

半年一年三年下来

鸡蛋库

又堆满了成堆的鸡蛋箱

荒谬是人生的底色

——读潜川诗歌《搬运工》

海德格尔说:"生命充满了劳绩,但还要诗意地栖居在这块土地上。"要做到这一点,谈何容易?

海德格尔还说过一句话,那就是"人是被抛到这个世界上来的"。被抛到这个世界,生而为人,是否真能拥有自由、尊严以及我们梦寐以求的幸福?

生命就其本质是荒谬的,每个人渴望自我价值的实现,但最终又不得不承认,孜孜以求的价值很多时候都抵不过命中注定的荒谬。

这是生命的内视,似乎十分悲观,但赤裸的悲观相比于虚妄的乐观,更能触动心灵的弦。潜川诗歌《搬运工》,正是这样一首穿透漫长人生,看见荒谬底色的好诗。或者说,从审美观照看,这是一首较为典型的后现代主义情绪的作品。

诗歌分三层推进,最初"搬鸡蛋箱是不得不做的工作",但永远重复同一个单调动作而没有尽头时,于是就无休止报复式开始扔鸡蛋(这不一定是生活的真实,但一定是心理的真实)。可"半年一年三年下来 / 鸡蛋库 / 又堆满了成堆的鸡蛋箱"。

诗人故意将诗句写得拖沓、啰唆——

荒谬是人生的底色——读潜川诗歌《搬运工》

先一个一个扔

再一把一把扔

扔着扔着还不够

就整箱整箱推翻在地

再后来

就把一推车鸡蛋箱打翻在地

这恰是内心感受的反射，让我想起《等待戈多》的流浪汉反复重复着无聊滑稽的动作。后现代主义诗人喜欢这样的表达方式，用诗句的节奏将内心的节奏外显出来。

我们普通人要么"活着"，要么"被活着"。特别是当尼采说"上帝死了"，后现代主义诗人们开始宣泄着这样一种来自心底的极为灰色又极为真切的情绪。是的，当我们没有了精神支柱，置身于光怪陆离的生活，便很容易在"存在与虚无"中喟叹，在反思与追问中迷惘，在怀疑和抗争中，消解了自己的无畏和崇高。

我们只能做一名搬运工，搬运着你永远也搬运不完的鸡蛋箱。我们可能都在宿命中一道程序的命令下，在流水线上的一个环节里，一旦命令启动，人生开工，就将毫无休止地做着哪怕让你觉得毫无生趣的事，直到化为一缕青烟。所以叔本华在《人生的智慧》中说道："人生，就像是钟摆，在痛苦和无聊之间摇摆。"他也曾说："痛苦是否缺席，才是衡量幸福的真正标准。"

那么，我们不禁要继续追问，既然荒谬是人生的底色，那么我们为什么还要奋力地活着？我想起了加缪笔下的西绪福斯。

西绪福斯是希腊神话中的人物，因触犯了众神，惩罚他把一块巨石推上山顶，然后那块巨石又从山顶滚下山去。于是他就日复一日做着这同一件事，无效又无望，却耗散着他所有的光阴。正如加缪所说："失去希望并不就是绝望。地上的火焰抵得上天上的芬芳。"他敢于坚持，这就是与荒谬做最勇毅的反抗。而且，在加缪的笔下，西绪福斯内心充满了热爱，他爱着栖息肩头的小鸟，爱着初升的太阳以及那无限温柔的黄昏。

我们不是西绪福斯，没有这种精神的强悍，我们骨子里是脆弱的，只能渴望以摔鸡蛋箱的方式去抗拒无尽的荒谬。更有可能的结局是那些鸡蛋会冲着你笑：傻蛋！你摔不完所有你必须搬运的每一箱鸡蛋。甚至满身是鸡蛋味，或者你成了宇宙中一粒荒谬的鸡蛋。

所以，与其泄愤，不如消解！戈多是荒谬的梦，但我们还要等待戈多。或者，你可以像诗人一样写下这首诗；可以想象经你双手搬运过的鸡蛋，带着你的温度，至少进入商场，进入餐桌，进入人们的胃，那人生也许就没有那么毫无意义了。

最喜欢的还是罗曼·罗兰那句话——世上只有一种英雄主义，就是在认清生活真相之后依然热爱生活。

我盯着一把枪看了好久

王凤飞

在博物馆

我盯着一把擦得油亮的枪

看了好久

管理员挪到我身边

压低声音说

这把枪

晚上常常溜出去

巡视

看有没有坏人

荒诞比真实更真实

——读王凤飞《我盯着一把枪看了好久》

这是真的还是假的，我们常常习惯于这般追问生活。置身于现实世界，因为理性占据了我们的思维，裹挟着我们去确认现实的真，并在现实的真中随波逐流。现实的真是否就是绝对的真，往往是难以深究的，但我更相信心理的真，艺术的真，哪怕是想象的虚构的荒诞的超现实主义的，只要用一面心理的镜子折射现实，捕捉住心灵深处最本真的感受，那就是比真实更真实的真实。余华曾说，"荒诞叙事是为更接近真实"。好的艺术品正是体现了这样的一种艺术张力。

读王凤飞《我盯着一把枪看了好久》，我不禁笑了。我在猜想很多读者会第一反应，诗人啊，你当我傻吗？

诗人的叙述客观而又平静。唯其客观平静的叙述，才显得这般煞有介事，才表明作者要告诉读者，这是真的。读者会很生气地、不屑一顾地说，你当我是幼儿园的孩子？你这首诗不仅假，而且真的傻。

是的，参观博物馆在现实中是真，"我盯着一把擦得油亮的枪／看了好久"也是现实的真，但现实生活中没有哪位管理员会如此好奇，"挪到我身边"，还神神秘秘"压低声音说"——"这把枪／晚上常常溜出去／巡视／看有没有坏人"。不是管理员精神有问题，就是"我"在管理员眼中是智障儿童。

但这是诗，是艺术，其间蕴含的审美主题就十分丰富了。突然想起毕加索的画，想起马尔克斯的《百年孤独》，想起艾略特的《荒原》，这些作品的美，对寄望在拷贝现实外在而获得美感的人，是无从领会诗人拷贝内在而获得的美。

超现实主义是现代主义文学中十分重要的流派。该流派认为，文学艺术往往不被传统美学观念所束缚，艺术家更应该反应本身的内心世界，以荒诞、离奇甚至恐怖的方式，传达出创作者本身的一种非理性的精神世界。也就是突破所谓现实的逻辑、观念和存在状态，追求人类最本能的心理想法。

这首诗体现了这一理念。因为"我盯着一把擦得油亮的枪/看了好久"，看久了，内心也就有了波澜。枪，是武器，是热兵器。这支存放在博物馆的枪，背后有什么样的故事？武器的意义又是什么？武器的真正意义当然不是杀人，而是止杀，那么这支枪如此静态地成为展览品，它失去了它本来的意义。当然，世上所有的枪都成为展览品，是人类和平的梦想。但毕竟，坏人没有彻底消除，敌人还在破坏我们的安宁生活，枪的使命就是去"巡视/看有没有坏人"。诗人巧设了虚构的情节——让管理员来告诉我。正是这一荒诞的情节，折射的是"我"内心最本能的想法。虚构与想象的世界，同样是一个认知的世界。但这个世界具有隐蔽性，更具有哲理性。虚构、荒诞只要符合现实和思想的逻辑，就具有了超越时空的恒久魅力。《我盯着一把枪看了好久》不再是傻傻的诗，而是退却幼稚外套后，让人看到赤裸裸的真实，或是体会到一种少有的审美愉悦。

夜行

送雨

星光点点的夜晚

我独自漫步在街头

一边消耗血糖

一边构思心里的诗

寻找一份

肉体与心灵的自在

树影在身边摇曳

霓虹在街边绽放

烧烤飘出缕缕肉香

我沉醉在热闹氛围中

我写诗不为别的

只为和内心对话

在这繁华的世界里

找到自己的一片净土

诗到语言为止，心在远方即美
——读送雨诗歌《夜行》

钟嵘在《诗品》中对一百二十二位诗人进行评价，并按照他们在诗艺、风格等方面的成就分为上、中、下三品。他虽认为陶渊明诗歌为"古今隐逸诗人之宗也"，但也因"世叹其质直"，让陶诗置于中品。更有"建安风骨"的曹操，其诗慷慨悲凉，但钟嵘认为"古直，甚有悲凉之句"，却无辞藻与工对，竟将之品第置于下品。

钟嵘品评原则在于文辞、形式的美感。诗歌当然需赋形，直白之语便失了隽永蕴藉。若从这一角度评送雨诗歌《夜行》，我想算不了一首精美之作，甚至略显幼稚。诗人不过写了夜行中一段心理独白。漫步街头，诗人通过"星光点点，树影摇曳，霓虹绽放，烧烤飘香"一番铺陈后，太过急切地倾吐着自己内心的声音——"构思心里的诗""寻找一份/肉体与心灵的自在"。到最后，更为直接地表白——"我写诗不为别的/只为和内心对话/在这繁华的世界里/找到自己的一片净土"。这就构成了一个"矿泉水"式的文本，主题甚好，但总觉少了"美酒"的醇香，让我几乎找不到推荐的理由。

但当我读了诗人简介，反而感动了。我曾无数次说过我不喜欢知人论世，不喜欢在作者的生命轨迹中去寻找诗意。但这一次，我却认为，这首诗，只有和作者融为一体，你才会发现作者送雨是一个真正的诗人，他的诗也是真正的诗。

"50后"，当过知青，20世纪80年代初毕业的理工男，之后进入国企工作。在下海热潮之际，开始艰辛创业，并颇有成就。我们都会认为这样的成功人士，血管里响动的，应该不是诗的回音；目光尽头的远方，应该不是一片艺术的净土。我们习惯于用定式思维去分析不同的社会角色，甚至喜欢用对号入座的方式让不同的人有他不同的位置。但送雨是一个独立的存在，是以诗人的姿态行走在夜色中的企业家。哪怕他不是一个专业的诗人，哪怕没有娴熟的诗艺，没有炉火纯青的创作功底，但他对诗歌的情有独钟，心底燃烧着对诗歌炽热的火焰，自我坚守着对心灵世界的尊重，那么，这样的人，才是繁华世界中最有诗人气质的人。诗人气质和诗歌，哪一个更为重要呢？

想起《毛诗序》有言："诗者，志之所之也，在心为志，发言为诗，情动于中而形于言，言之不足，故嗟叹之，嗟叹之不足，故永歌之，永歌之不足，不知手之舞之，足之蹈之也。"又想起当代著名诗人韩东那句著名的话："诗到语言为止。"诗歌究其本质是真诚地写出自己内心的诉求，写出自己毫不矫饰的情感，就已足够。这样的诗句，绝不是为显示才华的"掉书袋"，也不是将各种章法奉为圭臬。正如白居易所说，"所以读君诗，亦知君为人"，读送雨的诗，不就是让我们见送雨其人吗？

这一刻，我们再回到诗歌，它恰如诗人的笔名——送雨，为我们送来喧嚣红尘的一场"夜雨"。夜色中，你踽踽独行，所有的人间烟火，都无法与你追寻的诗歌芬芳兑换。"夜雨"中，你眺望远方，那一方守候的净土，才是你灵魂所向的归处！

古轵公园

张敬成

草坪上

一只憨态可掬的小熊猫

握着青青的竹叶

准备开吃

突然开始说话

吓人一跳

声音来自肚子

标准的女声普通话

创建文明城市的

一条条细则

善意提醒，大煞风景
——读张敬成诗歌《古轵公园》

初读张敬成诗歌《古轵公园》，也没觉得这首诗有多好。和诗友雪也、王乙蓝微信上交流一番，再读诗歌，慢慢有了那么点感觉。刚好另一位诗友马二依娜今天在我头条文章后留言道："好诗是读出来的。"于是我又读了几遍，渐渐地，一些生活场景浮现在眼前——

那是一个周末的早晨，读高中的儿子正津津有味地翻看着他儿时的照片，阳光刚好洒在他的脸颊，那一刻，我感到好温馨。可妻子冷不丁冒出一句："你作业完成了没有？一周的知识点整理了吗？"只见儿子抬起头，望了母亲一眼，然后丢下相册，噘着嘴走进了他的书房。这一刻，我也只好无奈地轻叹一声。

又想起那天同事们聚餐。烛光，美酒，吧台边钢琴手指尖流动的丝滑的音乐，平日里的教学工作把我们剥离得如一片片洋葱，我们很久没有这样沉醉了。没想到，这时其中一个小领导，说今年的期末考试要全县排名，末尾的还要怎样怎样。我们几个全没了兴致，很快就散了场。

再想起暑假旅游，一路洁白的俄色花夹道欢迎着我们。透过刚洗过的车玻璃窗，看到清澈流淌的小河如哈达一样飘动着，看着那青山妩媚地伫立在蓝莹莹的天空下，我忍不住拿着手机，捕捉着每一帧风景。可突然看到山腰上人工凿出的一条红色标语，我只能默然地将手机放进了

善意提醒，大煞风景——读张敬成诗歌《古轵公园》

兜里。

想起李商隐曾在《杂纂》中列出大煞风景的事情，如"清泉濯足，花上晒裈，背山起楼，烧琴煮鹤，对花啜茶，松下喝道"。但有时善意的提醒，也可以这样大煞风景，在一瞬间，噗的一声，一瓢水浇灭了你刚刚燃起的兴致的火苗。张敬成诗歌《古轵公园》不正是写出了生活中一桩扫兴的经历吗？

诗题为"古轵公园"，我没去过。但凡是公园，也应该是休闲时分可选的一个佳处。尤其是随着当今社会的发展，很多公园都已是一个集观光、运动、娱乐休闲为一体的活动场所。诗人先寥寥数笔描写了公园一隅的熊猫小雕塑，憨态可掬，正握着青青的竹叶准备开吃。虽然我并不喜欢这类太过符号化的公园小装饰，但从诗人笔下看，也不算拙劣，甚至还是可爱的，还能让自己舒缓一下神经。

没想到一只小熊猫"突然开始说话"，这着实"吓人一跳"。原来这声音来自小熊猫肚子，而且说着"标准的女声普通话"，宣讲着"创建文明城市的/一条条细则"。反差感有了，幽默感有了。城市文明宣传者这心思多巧哇，利用现代科技手段，让熊猫也成了创建文明城市的义务讲解员。

游客此刻感觉怎样？各位看官此刻心理是否舒适？浪漫的诗人此刻还有没有诗情画意？我不否认文明宣传的价值，也不想谈其功利化、市场化，也不想说强制植入的方法是否可取。我只觉得这很像我兴致勃勃追剧，突然几次三番植入广告，让我只能去喝喝水，上趟卫生间，或者把嗑的瓜子壳倒进垃圾袋，然后下楼丢进垃圾桶。

繁忙人生难得"一晌贪欢"，难得"一时兴起"，但我们还得清醒，梦醒比做美梦来得还快，特别是有些善意的提醒，一下就把你拎回了喧嚣的现实。

这样读着诗歌，渐渐发现了这首诗不动声色的妙！

两个学校

李岩

四小和四中不是一个学校
树丛里黑白相间的铁栅栏
将小学和初中一分为二

从北面看地下车库又是一体的
车库旁的操场也是共用的
我经常看见一群初中生
在篮球场腾跃在足球场飞奔

四小大门朝东
我和四小书记在摊上喝过啤酒
后来他去村里扶贫当第一书记
四中正门朝西
对着车水马龙的长城南路
朝右一拐就是 15 路公交站

四小的三座楼是橘黄色
和校服一样
分别是求真楼、崇善楼和尚美楼

四中的教学楼是绛红色
校服则是最常见的蓝白相间那种

好诗是立体的
——读李岩《两个学校》

儿子大学读中文专业，也是现代诗歌爱好者。周末，刚拿到傲夫诗社推荐李岩的诗歌《两个学校》，我觉得是一首很有意思的诗歌。但我在想，这首诗，人们可以怎样去解读？于是将诗歌发给儿子，他给了如下的回复——

> 四小和四中不是一个学校
>
> 树丛里黑白相间的铁栅栏
>
> 将小学和初中一分为二

第一节首句点题。"树丛里黑白相间的铁栅栏"，表明两个学校看似处在一个地方，但是实际上四小和四中是两个不同的学校，并且这种区分是鲜明的，不容更改的。"树丛"表示一种隐秘，指这种区别在表面看不出来。但世间很多事也不是一眼能辨别的，关键在内核的不同。

> 从北面看地下车库又是一体的
>
> 车库旁的操场也是共用的
>
> 我经常看见一群初中生
>
> 在篮球场腾跃在足球场飞奔

第二节表明两个学校看似泾渭分明，但实际上又有千丝万缕的联系。并且这种联系也是隐秘的，如地下车库。"我经常看见……飞奔"

指人并未受到这种区别的束缚,学生就是学生,四小和四中都是年少时光快乐的天地。

> 四小大门朝东
>
> 我和四小书记在摊上喝过啤酒
>
> 后来他去村里扶贫当第一书记
>
> 四中正门朝西
>
> 对着车水马龙的长城南路
>
> 朝右一拐就是15路公交站

第三节的"朝东""朝西"又一次提醒这种区别的存在。"我和四小书记在摊上喝过啤酒"这里的"摊"表明四小周围的环境是欠发达的,四小书记去当扶贫书记也可以看出。同样,四中门外车水马龙并且有公交站,表明四中周围的环境是现代化的。

> 四小的三座楼是橘黄色
>
> 和校服一样
>
> 分别是求真楼、崇善楼和尚美楼
>
> 四中的教学楼是绛红色
>
> 校服则是最常见的蓝白相间那种

第四节中,四小的教学楼颜色明亮且和校服颜色一样,这种明亮的颜色和教学楼的名字一样,是有希望意味在的。而四中的教学楼颜色偏暗,校服颜色也是最常见的,是表明了一种压抑,或是一种迷茫?四小的"希望"和周围环境对应,周围环境是有待发展的,是有发展空间的。四小的学生也是有希望的,是渴望成才的。而四中的"压抑"和周围的环境相对应,有种高度现代化之后的困境感和压抑感?学生也在成

好诗是立体的——读李岩《两个学校》

长中有了迷茫？

整体上来说，这首诗是把两种不同的心境、思想观念、发展阶段放在一个平台上进行对照叙述，有了深沉的隐喻。

没想到儿子可以站在这样一个角度细读诗歌，说得也十分在理。如果我分析，可能更多从平实叙述中的诗意，去领略对校园生活深情的追怀。因为映入我眼帘的是菁菁校园，是孩童的嬉戏追逐，是"橘黄色""绛红色""蓝白相间"渲染的人生花季的多姿多彩，是求真、崇善和尚美的人生之初最美的追求。尽管两所学校有着太多的区别，但学校永远是成年人再也回不去的地方。

同样一首诗，由于年龄、心态的差别，儿子求"异"我求"同"。儿子带着青春的思考，我则是迟暮人生的感叹，但我们都在阅读中获得了不同的审美体验。我想，这就是现代口语诗立体性，唯因诗人静静地客观叙述，让文本有了更多的面，让读者"横看成岭侧成峰"。

思想品德课

王瑾

老师刚过五十

已满头白发

说话，走路

缓慢而沉重

午休时

他总推着一辆

自行车走回家

下午的课上

同学们总是看见

他的脸是红扑扑的

那时，大家

对酒精的气味

还不熟悉

上课的过程中

他时而激动

时而沉思

一般在沉思过后

会盯着班里一位

胖乎乎的女同学

叫"薇薇"

老师千万个,他是这一个
——读王瑾《思想品德课》

记得曾让学生写过一篇《你是这样一位老师》的作文,结果千人一面,多数学生笔下的老师都一个模样:花白的头发,和蔼可亲的笑容,炯炯有神的眼睛,呕心沥血地工作……这是套板反应,一如朱光潜所说,说美人都是"柳腰桃面""王嫱西施",才子都是"学富五车,才高八斗",谈风景必是"柳岸灞桥",做买卖总少不了"端木遗风",等等。

同样,人们一说到老师,也不过如此;社会一提到老师,无外乎"辛勤的园丁",或是"太阳底下最光辉的职业"。

一个人,一群人,心理往往会形成一种习惯,习惯也就成为套路,套路滋生刻板印象,刻板印象最后竟成为社会的共同期许。

读到王瑾诗歌《思想品德课》,眼前一亮。这首诗把这一个老师写活了,写得立体了,因而让人过目不忘。你看他刚过五十,为什么已满头白发?为什么说话、走路缓慢而沉重?为什么推着一辆自行车走回家而不是骑回家?为什么上课前喝了酒,让自己的脸红扑扑的?上课的过程中,他激动什么?沉思什么?为什么要盯着那位胖乎乎的女同学,叫"薇薇"?诗人就这样描写着这位与众不同的思想品德课老师,却又留给我们太多的悬疑。这正是本诗写作独具匠心所在。诗人不做解释,读者去解释。我们用自己的方式去还原这位老师，每个人心中就有了"这个"。

恩格斯曾就作品塑造人物形象说过："每个人都是典型，但同时又是一定的单个人，正如老黑格尔所说的，是一个'这个'，而且应当是如此。"这里黑格尔说的"这个"是他《精神现象学》中所言：任何个别的东西都是不应只以它的普遍性出现，这普遍性必须经过明确的个性化，化成个别的感性的东西。

我认为"这个"是指他是他所具备他的特质的他。这位老师似乎不该是共性中老师该有的样子，但他有他的样子。我还原出的"他"，是生活压力正在摧毁着的一位老师形象。过早的白发，沉重的步履，一路的心事重重，喝点小酒点燃自己，时而激动，时而沉思，时而望着自己最欣赏的学生，用叠音词叫她的名字。突然有点觉得像我的自画像。我不也五十多岁？不也头发斑白？不也喝它一两口（当然不是工作期间），不也一高兴，就叫我的学生"乖乖""小可爱"，或者直接在他们的名字后带上儿化？但他就是他，又不是我。他有他的经历，有他的生活，有他的沉思。这个，其实也是"共性和个性的结合"。

而且，"这个"，从叙事学看，又是诗人塑造的一个非扁平人物的圆形人物，立体人物。英国小说理论家福斯特在《小说面面观》中提出了"扁平人物"和"圆形人物"两个概念。所谓"扁平人物"是指"依循着一个单纯的理念或性质被创造出来，可以用一个句子描述殆尽的人物形象"。说简单些，就是极为单一的形象，是标签式的人物。"圆形人物"则是指"具有复杂的性格特征或思想内容的人物形象"。说通俗些，就是更为贴近现实的人物，更加真实、立体、丰满，是复杂鲜活的个体。

也许现实裹挟得他被异化，自己本该骑着自行车，却让自己推着自行车，从而成为被骑工具的奴隶，但他还能让酒精唤醒他的"酒神精神"；也许生活是一潭死水，让这位老师没有了激动，但他还能在课堂中找到存在的价值；也许他已垂垂老矣，但他看到那个胖乎乎的女同学，还会像叫女儿一样叫她。

好的诗歌也如一个立体的人，可以带给我们更多解读的可能性。假如，"薇薇"不是那个胖乎乎女同学的名字，他这个人物就更有意思了。也许喝了酒，激动后陷入一阵沉思，沉思后他才会盯着班里那位女同学，叫出这样亲切甚至有些甜蜜的小名。那么，薇薇是谁？读者当然可以猜测，那位胖乎乎的女同学，很像他记忆中的一个女孩儿，那个女孩儿一定在他的心中占据了一个重要的位子。

这也不是没有可能的。弗洛伊德精神分析学指出："人的举动不是无端做出，无意识乃是真正的精神的实质。"平时出于自我保护的我们，善于隐藏自己，但又终将以某一种形式暴露出来。比如梦，比如失言，比如酒神召唤，也比如心理失常。

行文至此，也许原作者或更多读者会说，没你想得那么多。但我想说，文本带给我们的，远比我们所能想到的还要多。

我的妈妈

柳平平

很多次我面对着那张

老又新鲜的面孔

我都很想说

如果我不是妈妈的女儿就好了

如果我是妈妈的老公

就好了

我会告诉她

爱情不只是爱"情"

以外的东西

可惜呀,妈妈

你生下来了我

我只能以一个女儿的姿态爱你

我们的爱

注定充满了很多误解

附加值终结着母爱的神话
——读柳平平《我的妈妈》

一如纪伯伦诗意地说:"人的嘴唇所能发出的最甜美的字眼,就是母亲,最美好的呼唤,就是'妈妈'。"母爱是人类永恒的歌咏。可是,我们似乎已形成了也习惯了赞美母爱的固定模式,那就是幼儿园的孩子也会表达的三段论——

妈妈深爱他的孩子。我是妈妈的孩子。我的妈妈很爱我。

所以,母亲也有了她的三段式表达——妈妈都爱着她的孩子。你是我的孩子。我是爱你的。

这是逻辑,但母爱不是逻辑。我们最迫切想要走进母爱的腹地,探知什么才是真正的母爱。柳平平的小诗《我的妈妈》,给我们带来了不一样的思考。雨果说,"慈母的胳膊是由爱构成的,孩子睡在里面怎能不香甜?"可诗歌中的"我"似乎难以香甜入睡,从人世间关于母爱至美描绘的温馨怀抱中走了出来,站在母爱之外审视母爱。

母亲,为什么您留给我的是一张"老又新鲜的面孔"?老是苍老,是您养育女儿,任凭岁月盗走了您的年华。老也是熟悉,是女儿刻在心中的母亲容颜。但女儿大了,她和母亲有了认知的距离,有了心理的距离,甚至有了感情的距离,因而慢慢感到那是一张"新鲜"的面孔。这不就是我们常常所说的"最熟悉的陌生人"?陌生感从何而来,这是诗

附加值终结着母爱的神话——读柳平平《我的妈妈》

人的留白，让我们读者自己去解读，这自然拓展了诗歌更耐人寻味、引人思考的空间。这一空间，可以让我们演绎出鸿篇巨制，那或许是一部琐琐碎碎又跌宕起伏的"爱的心灵史记"。

但诗人留白之后，必须给我们一把解密的钥匙，必须给我们蛛丝马迹来侦破这一心灵案件。于是，诗人宕开一笔——

> 如果我是妈妈的老公
>
> 就好了
>
> 我会告诉她
>
> 爱情不只是爱"情"
>
> 以外的东西

女儿的身份转换成父亲的身份，这暗示着只有双方是平等的，才能有平等的对话。"如果我是妈妈的老公"，为什么我会告诉她，"爱情不只是爱'情'/以外的东西"？可见妈妈对爸爸的爱，也不是爱的"情"，而是爱情之外的附加品。那是什么我不去妄加揣想。但"情"之外的东西，一定不是"情"所必须具备的东西。"情"是纯粹的，夫妻情，母女情，不都该是这样的吗？"我爱你，因为我需要你。"那是不成熟的功利的爱。"我需要你，因为我爱你。"需要和爱共生，这是成熟的、自然的爱。

> 可惜呀，妈妈
>
> 你生下来了我
>
> 我只能以一个女儿的姿态爱你
>
> 我们的爱
>
> 注定充满了很多误解

女儿终于发出了自己的内心感叹。"可惜呀"三个字，是沉重的，更是沉痛的。记得刘傲夫《叶下》写道："每一对母女都是命中注定。"上天给予这段缘分，何其有幸。但当彼此"注定充满了很多误解"，女儿也"只能以一个女儿的姿态爱你"。女儿知道，这样的爱，终将归于一种姿态，一种形式，一种社会规范，而不是巨大的火焰，不是汩汩涌动的源泉，不是奔腾不息的激流。对，双方都不是！

诗歌写到美处令人神往，写到痛处让人不能回避。这首诗显然是痛感之诗。痛感的爱其本质是自恋。不知哪位哲人说过："自恋的主体界限是模糊的，整个世界只是自我的一个倒影，在自我的深渊中漂流，直至溺亡。"真正的爱，对象是"他者"而不是"我"，我与他者是非对称性的。当母亲一旦要求孩子接纳自己的一切要求，要么有意让孩子成为自己预设"理想化的孩子"，即在孩子身上找寻和确认自己时，这必然导致爱的疏远，背离，甚至消亡。

萨克雷说："在孩子们的口头心里，母亲就是上帝的名字。"可张爱玲说："伤我最深的人是我的母亲，最爱我的人也是她。"爱是一种能力，也是一门艺术，不要用自称的爱绑架了真正的爱，让与爱无关的附加值，终结了母爱的神话！

诗三首

林云心

01. 一只蚂蚁的隐居之所

在山里

发现一只

蓝色玻璃瓶

里面长满

泥土、苔藓、细小的石子

以及露珠

我激动着

想要为这处

山中的桃花源命名

一只蚂蚁,慢慢走了出来

02. 外婆家的凳子

这是一截

圆柱形

木头

几十年

一直

沉默寡言

外婆也老了

一直对它

重复着

以前说给外公的话

今天

父亲把它砍开

扔进火炉

它才

噼噼啪啪

讲个不停

03. 那么小的善良

在经过这段

满是裂缝的马路时

那个小孩儿

把手背上的

樱花色小熊创可贴

揭下来

摁在其中一条裂缝上

就像是

一下子摁住了

整个世界的疼痛

用口语诗构筑童话世界的男孩儿

——读林云心的三首口语诗

童话诗人

——给 G·C

你相信了你编写的童话

自己就成了童话中幽蓝的花

你的眼睛省略过

病树、颓墙

锈崩的铁栅

只凭一个简单的信号

集合起星星、紫云英和蝈蝈的队伍

向没有被污染的远方

出发

心也许很小很小

世界却很大很大

于是,人们相信了你

相信了雨后的松塔

有千万颗小太阳悬挂

桑葚、钓鱼竿弯弯绷住河面

云儿缠住风筝的尾巴

无数被摇撼的记忆

抖落岁月的尘沙

以纯银一样的声音

和你的梦对话

世界也许很小很小

心的领域很大很大

很多年前,读着舒婷写给顾城的《童话诗人》,我一直觉得,能用诗歌构筑一个童话世界,让我们"向没有被污染的远方/出发"是多么美妙的事情。童话诗人,就是用"纯银一样的声音",引领我们走进一个"很小很小"的世界和"很大很大"的"心的领域"。最近,在傲夫诗社口语诗创作队伍中,我们也邂逅了这样一位颇有"童话诗人"潜质的男孩儿,他叫林云心。

第一次看到他的笔名,读到他的口语诗,我眼前一直浮现的是一位素面朝天的诗意女孩儿,后来才知道是一名刚刚高中毕业的男生。男孩儿也可以有这样纯澈的内心感受,也可以有这样明净的蓝色天空般的诗意世界,让我也突然间找到"行走大半生,归来还是少年"的惊喜。

林云心是口语诗歌爱好者,但他的口语诗很有文艺范儿。我认为他骨子里是一位传统抒情者，却将口语玩转，写出来的诗既不像传统诗歌那么矫情，又少了很多口语诗的浅化俚俗。他在这两者之间寻找到了属于自己的一种清纯可爱的表达方式。或者说，他是一位极时尚的现代叙述者。（时尚不是因为他年轻，但年轻总能自带某种时尚。）

说他文艺范儿，是他很善于造境。王国维《人间词话》曾说："有造境，有写境，此'理想'与'写实'二派之所由分。然二者颇难分别，因大诗人所造之境必合乎自然，所写之境亦必邻于理想故也。"好的叙述者，往往不拘泥于现实，而是通过心灵的造境来传递内心独白，以含而不露的方式表达，以境带心，以造拟情。林云心的造境，不是朦胧诗歌类的让你雾里看花终隔一层，他可以运用提纯的语言，如话家常，让你可以在第一时间读到生活，读到现实。

最能体现这一特点的是第一首诗《一只蚂蚁的隐居之所》，这简直就是画家画出的一个童话世界。也许，在山里，诗人真的看到了这样一个蓝色玻璃瓶，但也完全可能是诗人在熙熙攘攘的红尘中心造出这样一个隐居之所。这是中国几千年文人都在想象的一个超然境界——没有世俗纷争，没有市井喧嚣，没有尔虞我诈。就那么简单，"泥土、苔藓、细小的石子/以及露珠"，这是有所寄寓的世外桃源，关键这个世界存在于"蓝色玻璃瓶"。蓝色，是可以治愈浮躁内心的。最妙的，还是那只慢慢走了出来的蚂蚁。静中有动，画面活了起来。但这又是孩子的视角。这只蚂蚁生活在这个诗意的童话世界里，所有被诗意喂养的生命，会相信这个世界处处充满诗意，所以它毫无顾虑地走了出来。从我等尝尽生活滋味的人来看，不免有些担忧。也许，这一走出，就再也回不去了，甚至还可能成为杂沓脚印下的冤魂。

不久，又读到作者的第二首让我怦然心动的诗歌《外婆家的凳子》。十分奇特的抒情方式，借一根凳子讲述着让人感动的老一辈的淳朴爱情。读着读着，我眼前看到的是一位孤独的外婆，没有了丈夫，天天对着沉默寡言的木凳说着自己的心里话，活脱脱展现了寂寞无处诉、无人可理解的老人的生活场景。但诗人笔锋一转，写"父亲把它砍开 / 扔进火炉"，"它才 / 噼噼啪啪 / 讲个不停"。读者听到的，不再是火烧木头的声音，那"噼噼啪啪"可能是凳子留存外婆每一句话的最终爆发，也是喻指外公的那把凳子，给外婆的每一句对答。诗歌为这一段爱情抹上了童话色彩。变成凳子的外公，和凳子唠叨的外婆，在火中讲个不停的凳子，诗人的造境，让我们沉浸在一个凄美而又温暖的老人世界里，也让我们学会懂得去珍惜每一段还可以与所爱之人对话表白的日子。

近日，又读到作者第三首让我过目不忘的诗歌《那么小的善良》。这首诗的主角是"孩子"，孩子的一举一动也是颇为孩子气的。看到满是裂缝的马路，只有小孩可能将手背上的创可贴，摁在其中一条裂缝上。这是诗人的造境，让我们很自然地走进了孩子的心灵世界，那么单纯，那么幼稚，那么可爱得让你想将他揽入怀中，像抱着一只"樱花色小熊"。但诗人的思考却有成人化的深沉，那一句"一下子摁住了 / 整个世界的疼痛"，让我们在这个疼痛世界里摸爬滚打也随之而疼痛的人，突然间有些泪目了。在这一陌生化组合中，孩子的愿望，其实就是这个世界所有人的愿望。我们都希望有这样一张富有童话魔力的创可贴，摁住战争、疫情、洪水、地震等一切一切毁灭我们家园的疼痛，摁住所有让人类撕心裂肺的裂缝。

用口语诗构筑童话世界的男孩儿——读林云心的三首口语诗

最近，林云心在傲夫诗社不断呈现出一首首好诗。他的诗歌，洗净了油滑，底色一直是那么干净。一个"00后"的少年用口语诗，让我们相信这世界还有童话，让我们还可以徜徉在"蓝色玻璃瓶"的世界，听木凳讲话，看小男孩儿想要拯救世界的壮举，也是少年给予过于事故的我们些许慰藉。而我们也没有理由不相信，林云心，可以在当代诗坛走得更高，走得更远。

屁交流

夜叉妹

花花姨说

有一段时间

家里

出奇地

安静和谐

但一家人

整天

屁声不断

当屁声代替了交流
——读夜叉妹《屁交流》

夜叉妹的《屁交流》，是一首儿童的诗，更是一首成人的诗。

"花花姨说"，这是儿童的口吻。"家里／出奇地／安静和谐""整天／屁声不断"，这是孩子的视角，孩子的讲述。

这首诗出自七岁儿童之手，颇让我惊异。能将这一生活场景摄入诗歌，用现代口语诗的节奏进行表达，又似乎不是孩子的文学功底所能驾驭的。只有对生活深度思考后才可能有后现代主义诗歌表现，这也远非孩童所能传递的深刻。特别是诗歌本身带给我们对现代家庭的反思，这只能是成人之痛。所以我更愿意站在成人的角度，来解读这首带给我沉重感的诗。

常言道："吵吵闹闹一辈子，不吵不闹难白首。"婚姻如此，家庭也如此。什么是最好的家庭生活？每个人的回答不尽相同。我们都知道，生活是油盐酱醋调和的滋味，是锅碗瓢盆撞击的交响，是一地鸡毛，也是烟火气味。因而，家庭的生机与活力，最朴实的体现就是吵吵闹闹，就是有说有笑，就是彼此之间无障碍的交流，就是成员之间无隐瞒的沟通。

"今天老板一直板着面孔，好像我欠了他的工资。"

"管他呢，不要用他的负面情绪来惩罚自己。"

"哈哈,我今天碰见当年暗恋的女孩儿,她在超市和售货员大吵大闹。我真想不通,当年为什么会喜欢上她。"

"呵呵,你以为都像我这样上得厅堂,下得厨房。"

"叫你买萝卜,你给我买一大堆豆芽。耳朵扇风去啦?"

"呃呃,豆芽大甩卖,便宜呢。"

这就是夫妻的对话,这就是生活的"有声电影"。

还有呢,奶奶的唠叨,爸爸的命令,妈妈的抱怨,儿子的顶撞,女儿的撒娇。

这就是家的音响效果,这就是生活此起彼伏的音浪。

这是美妙的生活乐章,也是几多烦躁、几许温馨的家庭小曲。可是,当有一天,不知什么原因,本该相亲相爱的一家人,突然间你不说话,我不说话,他也不说话,大家都不想说话,甚至就是无话可说,家里一下安静下来了,看起来很和谐的样子,最后就只剩下各自的放屁声成了唯一的交流方式。

其实,这就是现代为数不少的家庭上演的"默片",是"静音模式"下的生活,我将之称为"家庭失语症"。

所谓失语症,本指与语言功能有关的脑组织的病变,造成患者对人类进行交际符号系统的理解和表达能力的损害,尤其是语音、词汇、语法等成分,语言结构和语言的内容与意义的理解和表达障碍,以及作为语言基础的语言认知过程的减退和功能的损害。但家庭的失语症,则是指家庭成员之间从无话不谈到无话可谈的尴尬。这是现代家庭的一个魔咒。当所有的新鲜感消失后,夫妻之间走进了爱情的坟墓。坟墓,是死寂的,哪里还有当年的你侬我侬、耳鬓厮磨、蜜语甜言。当对儿女所有的期待值都逐渐被现实横扫一空后，父母与子女也无法同频交流，到最后也只能"沉默是今晚的家庭"。

不知谁说过，"失去分享欲，就是散场的开始"。我想说，失语，是温馨家庭走向冷漠的开始。当彼此都厌倦用语言传递自己的内心，心与心又怎能彼此靠近，彼此相拥取暖？哪怕是吵一架，哪怕是说些生活中的鸡零狗碎，也总比没有了语言沟通要多一份人情味。说得粗暴些，不怕你没钱没本事，不怕你出轨，不怕你不听话，就怕我们在失语之后变得陌生，就怕我们在陌生之中耗散了感情。

生活在同一个屋檐下的人，你知道这是前世几千年才修得的福分？尽管家庭每一个成员是一个独立的个体，但每一个个体之间有了交集，才构成了一个家。语言是心灵的桥梁，对话是彼此的敞亮，沟通是相融的路径。不要让一家人，成了最熟悉的陌生人；不要让家庭患上失语症，让我们感到这世界只剩冰点之下的冬天！

奶奶，孙子

冰何

"逃乃！"

"哎！"

"逃乃！"

"哎！"

"逃乃！"

"哎！"

"逃乃！"

"哎！"

"逃乃！"

"哎！"

"喊你干吗不应？
你哑巴了。"

"逃乃！"

"哎！"

"逃乃！"

"哎！"

男孩儿的婶婶说

奶奶，孙子

逃乃你出去答白

逃乃在屋背

帮伯伯家放鸡

堂前尚有唤孙声，便是暖心天伦乐
——读冰何诗歌《奶奶，孙子》

俗语有言："门后训子棍犹在，堂前再无唤儿声。"当我们再也无法听到那至亲的声声呼唤，才发现人生失去了来处，也没有了归处。只有在这时，我们才体味到生命最刻骨铭心的疼痛。然而，当我们拥有这一切的时候，却又很难去珍惜这人世间如阳光浸润的温暖。冰何的诗歌《奶奶，孙子》，唤醒的不只是那恍若隔世的回忆，更是红尘漂泊中难以抹去的终身抱憾。

全诗二十行，其中七组"逃乃！""哎！"占了十四行。"逃乃！"是奶奶对孙子乳名的呼唤，"哎！"是孙子的应答。当然，由诗中奶奶说"喊你干吗不应？你哑巴了"也可推知是奶奶唤一声，叹一声。但是，不管是哪一种场景，都太有生活味儿了。

我们可以想象，孙子在屋背"帮伯伯家放鸡"。孩子都很喜欢在屋背享受属于自己的独处时光。看鸡，看田野，看山，也看云，还可以想"山里面有没有住着神仙"，想童话里的王子公主。或是一阵困意袭来，即将进入了沉沉的梦乡，而堂屋里的奶奶，一时半会儿看不到自己的孙子，便开始了她的担忧。或许腿脚不大方便，拉开嗓门呼唤就是最好的方式。我们似乎听到奶奶高一声低一声地唤着孙儿，那就是一首动听的音乐。尤其孙子的乳名叫"逃乃"，阳平和上声结合，一扬一顿，再加上方言独有的韵味,那该是多么富有乡土性的调调,该是多么生动地飘荡在堂前屋后,甚至荡漾在四野,荡漾在上空,也将荡漾在今后每一个凝结思念的日子。

可小孩儿就是小孩儿,他哪里听得出这是亲情最美妙的声音?他哪里知道在未来的孤独与寂寞中,这声音将在记忆深处回荡?此刻的他,一字不答,或只一个字应答,却不知奶奶多想听到孙儿脆生生地应答,多想看到孙儿活蹦乱跳一下来到她的膝下。我又可以想象,奶奶的呼唤太熟悉了,孙儿懒得回应,或也只是报以最简单的回应。

这首诗颇有创意。一唤一答,或是一唤一叹,奶奶的形象就呼之欲出了。声声唤,声声爱,天伦之情,溢于言表。用熟悉的生活场景,熟悉的乡音,独特的节奏和韵律,来构筑出诗意的世界,让我们回到我们一直想要回到的家园,这就是诗人挥之不去的乡愁!

堂前尚有唤孙声,便是暖心天伦乐。我愿永远是孩子,愿亲人的呼唤一直萦绕在我生命的时空,永不消逝!

飞翔

未了因

儿时

街坊的小伙伴们

都习惯用

废弃试卷

做风筝

一到那个时节 70 分 80 分

90 分

满天地飞

三读《飞翔》，乐在其中
——读未了因诗歌《飞翔》

美国当代著名文学理论家布鲁姆认为"阅读总是一种误读"，符号学家皮尔斯则说"解释只是猜测"。一首诗歌，可能会具备多维特征，因此会有不同的解读，正如解构主义学者德·曼认为，文本的主要结构确定文本主要内涵，文本隐藏的亚结构可以颠覆其内涵，即对文本的解构，任何结论都不是真相的全部。

但是，误读、解构有可能导致过度解读，即超过文本限度的解读，赋予文本本没有的意义。尤其是共情能力趋弱的人，或是极为敏感自恋的人，往往在文本之上穿凿附会更多的东西。

傲夫诗社诗人未了因的《飞翔》，短短几句，构成一个简单叙述类文本，呈现在眼前，我通过三次阅读完成了我对该诗歌最本质的解读。

初读，我想起我的童年，也放过这样的风筝。那时，放风筝就是放风筝，就那么简单。没有彩纸，没有丝带，没有风铃，然后就拿出旧报纸、写过的作业本，当然还有废弃试卷，随手做风筝，然后放风筝，然后奔跑，欢笑。那是我们那一代孩子特有的乐趣呀，至今想起，嘴角也忍不住有了上扬的弧度。

再读，我想诗人是深邃的，是睿智的，是悲天悯人的，因而这首小诗应该不小，应该还有重大的人生意义甚至社会意义。于是我开始解构文本。

"中国的教育让孩子们厌弃考试,所以将写满分数的试卷做成风筝,将考试的烦恼抛到九霄云外。"呵呵,那试卷上的 70、80、90 的分数还不至于令人羞赧吧。我又想,"孩子们渴望优秀,他们期待分数像风筝一样越来越高。"呵呵,那看来颇有励志教育元素,这些孩子都将成为人中之龙了,可是儿时的我们好像还没有那么高远的梦想。

我开始追溯风筝的历史,风筝的习俗,甚至隐喻之意,那便是"人们共有的对幸福的追求",或是"为了怀念故去的亲友,所以在清明节鬼门短暂开放时,将慰问故人的情意寄托在风筝上,传送给死去的亲友"。呵呵,街坊的小伙伴怕还没有这般的文化底蕴。

我无法逃出自己预设的解构阅读模式。我想起《红楼梦》中的大蝴蝶大凤凰大鱼玲珑喜字带响鞭等样式的风筝,想起探春"飘飘摇摇"风筝预示她远嫁异地,宝钗"一连七个大雁"的风筝暗示其人合乎规矩,贾宝玉的美人风筝正体现他厮混于女儿堆中……呵呵,街坊的伙伴多是没读过《红楼梦》的,也不是红学家啊。

对了,还有卡勒德·胡赛尼《追风筝的人》呢,那实实在在是在讲述阿富汗富家少年阿米尔与家中仆人哈桑关于风筝的故事。但那风筝,何其深刻。是少年时期阿米尔的自私、懦弱与背叛,是成长路上的心灵救赎,也是执有未来希望的象征。呵呵,这首诗显然没办法这样深刻下去。

我回头第三次阅读《飞翔》,仍忍不住莞尔一笑。哪有什么微言大义,哪有什么深沉寓意,不过就是记忆河流中捕捉的一缕水草,漫长人生中的一次回眸,生活的一个片段、一个事实,其背后是具有诗意的,那就是童年趣事，是童心的飞翔！

  读这首诗，我真的不想将简单文本复杂化，但我也不认为这是一首简单的作品。毕竟，怀旧可以治愈现实的伤痛，童年的欢呼雀跃，可以让复杂的人生回到最初该有的模样。整首诗，就这么干净，纯粹，就这样走进我们的阅读视野，让我们想再看一眼，多读几遍！

那些年放风筝

亚亚

往年的春天

是我喜欢放风筝的季节

我会

拿着两到三个风筝

在开满油菜花

蜂飞蝶舞的

田间奔跑

我把风筝一个个放上高空

再把手里的线

系在树枝丫上

坐在田间地头

看风筝飞扬

至日暮

孤独地奔跑和仰望，是诗人最美的姿态
——读亚亚《那些年放风筝》

读到诗人亚亚这首《那些年放风筝》，心中怦然一动，禁不住想起毛姆的《月亮和六便士》。"在满地都是六便士的街上，他抬起头看到了月光。"毛姆的这句话一直让我认为这是艺术家必有的一种姿态。而亚亚，"田间奔跑""坐在田间地头/看风筝飞舞/至日暮"，这番痴举，不也正是对世俗世界抗拒的一种姿态吗？

奔跑和仰望，这是诗人独有的行为符号。一如著名诗人伊沙的评语："帅！太帅了！观本诗我除了想到帅，真是想不到别的，有人特想在诗里扮帅，却根本不晓得啥叫帅，那是动作干净潇洒的高浓度的事实的诗意！"伊沙这一"帅"字，点出了本诗之魂。帅得让我们突然心痛起来——我们已好久没有这样潇洒了，也好久没有这样和春天一同呼吸，好久没有撒野，好久没有这样发呆，这样沉浸，这样简单而又干净地生活在自己的天空之下。

诗人的灵魂最起码的不是高贵而是干净。所谓干净，则是你永远是一个"追风筝"的孩子，没有丢失那份赤子之心。所谓干净，是你坚守你的世界，仰望你的风筝，可以让时光如风，从你身边溜走；可以囚禁在自己的孤独中，又在孤独中拥有了自己和世界。

所以，"风筝"不是单纯意义上的童年，而是和童年一样提纯了的

诗化世界。一如春天，一如高空薄脆的蓝，一如那田间油菜花的黄，一如蜂飞蝶舞的那份生命的盎然，整首诗就建构出我们心灵一直想要的诗意的栖居。

而该诗"太帅"，更在于诗人竟然如此痴迷。不愿让风筝飞出自己的视线，飞出自己的领空。诗人居然"再把手里的线／系在树枝丫上"，这一动作不只属于孩子，是属于真正的诗人的。只想看风筝飞舞，甚至可以到日暮。"风筝"太美，诗人仰望的世界太美，可以为之付出自己的时光。也许，路过的人，一茬又一茬，会笑他太傻；也许，放风筝的人都会因风筝远去而感到放走的是晦气，是霉运。但诗人的风筝舞动着的，是诗人不忍放手的美好。

但是，我们不能忽略的，是诗歌最终揭示的灵魂之痛。这番疼痛，体现在一切的美好都成了一种回忆。口语诗的标题往往是诗人想要表达情感的浓缩。诗题为《那些年放风筝》，那些年，今夕何夕？那些年，我们其实都已回不去了。所谓"过去"，不过是过了，去了，所有曾经的执念，也抵不过人生注定的琐碎与纠缠。开篇一句"往年的春天"，那"今年的春天"呢？"明年的春天"呢？岁月正在失却原有的纯度，当生活迫使我们开始在铺满火的轨道上奔跑，我们还能在雪地里打滚吗？还可以这样静静地观看风筝飞舞一直到黄昏吗？

诗人总喜欢怀旧，怀旧实则是对残忍现实的心理补给，或者是一种治愈，尽管无法从根本上疗救日积月累的伤。诗歌也正因为有了这份疼痛，才不只是一首童年的诗，而是有了痛感和美感的人生感悟作品。

不禁想躬身自省，我们的月亮呢？我们的风筝呢？人生的宿命，是不是最终只能糟蹋自己？我不知道！但每次读到像亚亚这样"太帅"的

孤独地奔跑和仰望,是诗人最美的姿态——读亚亚《那些年放风筝》

诗,我总是感觉到,我想用一滴泪,祭奠一段干净的年华;我也不愿揽镜,看见已不再帅的我们!

中秋月圆

周向山

男人为生计

埋头许多年

把看月亮忘到脑后

熬到一把年纪

可以悠闲地仰起脖子

看月亮

今夜,月亮

在一个空巢老人眼中

是一片每天吞食的

白色药片

望月是岁月的奢望

——读周向山诗歌《中秋月圆》

学生时代读毛姆的《月亮与六便士》，读到"月亮是那崇高而不可企及的梦想，六便士是为了生存不得不赚取的卑微收入。多少人只是胆怯地抬头看一眼月亮，又继续低头追逐赖以温饱的六便士"，心里总在想，我可以选择月亮而放弃六便士。但随着人生中无数次与梦想擦肩而过，最后我记住了毛姆的另一句话："一般人都不是他们想要做的那种人，而是他们不得不做的那种人。"

每个人心中都有清澈的梦，尤其是在年轻的时候。但命运在路上设满密密匝匝的荆棘，当你不得不披荆斩棘的时候，一次次刺痛感让你只剩下最后的遍体鳞伤，让你只能躲在角落里疗伤。

这就是苦味人生。因为年轻，所以我们渴望看守心灵的圆月，渴望以仰望月亮的姿态演绎自己的追求。但现实的捉襟见肘，让你早已无法抬头伫立于满天清辉之下。读周向山诗歌《中秋月圆》，尤其作为品尝了人生个中滋味后的我，与诗人颇为惺惺相惜。

诗歌冷峻呈现了一个男人的宿命。

男孩儿成为男人前，多数仍然是对生活充满了热望，骨子里都有诗情的萌芽。男人成为男人后，梦想的藤蔓依然盼望爬上树梢之上的那轮满月。但多数的男人，又最终会像掐灭烟头一样掐灭了自己的那轮月亮。

你想看月亮，但你没时间看月亮；你想静静地看月亮，但你没有闲情逸致看月亮。你为了生计，必须埋头许多年；你为了碎银几两，哪能停下脚步看月亮！这一埋头，这一苦干，你永远错过了你心中的月亮。这是赤裸裸的现实，这是不得不认的命。

诗歌如果只写到这个层面，也算不得好诗。诗人说——

　　熬到一把年纪

　　可以悠闲地仰起脖子

　　看月亮

一个"熬"字，何其痛楚。熬过了春夏，熬过了秋冬，熬过了人生的华年。"熬"，其间有多少的不得已，有多少的不心甘，至少这漫长的熬，"把看月亮忘到脑后"。所以，终得悠闲时，心中埋藏的那个春天，依然氤氲着纯甜的气息；曾经渴望的那轮月亮，依然在呼唤着垂垂老矣的灵魂。

有时命运就是这样不近人情，曾经剥夺了你望月的权利，最后还不给予你望月的心情。男人，最终成了空巢老人，成了孤独的望月者。人生的风吹雨打，早已将他摧毁得只剩残躯，只能靠药物治愈身体的痛苦和心灵的寂寞。所以，再看月时，已不是当年的月，已不是当年梦想的光芒。诗人这样写道——

　　今夜，月亮

　　在一个空巢老人眼中

　　是一片每天吞食的

　　白色药片

这才是本首诗歌最出彩的地方，也是让我感到疼痛得无以复加的地方。这一奇特的比喻,将月亮和白色药片陌生化地连接在一起。人世间,有多少这样卑微的生命,辛苦一生,也换不来晚年一次悠闲地看月亮;有多少劳苦奔波的男人,终其一生,也没能拥抱万家团圆时的这轮中秋圆月!

　　诗句是浅显的口语,诗意却是深邃的隐喻,这样才有了耐读的空间,才成就了一首上乘的诗作。纸短意深,让我们看到活着的没趣。或者说,人生的没趣就是人生的趣味。错了,过了,过了,错了,错过的,哪里只是月亮,错过的,就是这短暂而又漫长的一生!

望秋辞

杨张平

秋风响，八月黄
草声渐高，埋了织娘

水洼洗亮了天空
浅云走上高岗

唢呐抬头吹薄暮
大山抬走夕阳

月光洗着铁犁铧
行囊，在远方

望见秋天明净的忧伤

——读杨张平《望秋辞》

　　文化的折叠中，我们忘了最初的歌吟，最真的欢喜、忧伤，都变得矫情起来。溯洄在中国诗歌的河流，伫立诗三百的岸，迎着国风，先民最淳朴的情愫总是浸润着我们，让日渐龟裂的心田开始柔润起来。

　　当我们不停地向前奔跑，是否还能找到回家的路？一如当代诗歌，历经着一次次嬗变，是否还能震颤出最美的元音？杨张平的诗歌《望秋辞》，也许可以让我们邂逅久违了的那来自泥土和大地的歌谣。

　　这是一首秋天的诗歌，无论黄土文明，还是海洋文明，人们都喜欢写秋，正如郁达夫所言——

　　有感觉的动物，有情趣的人类，对于秋，总是一样地能特别引起深沉、幽远、严厉、萧索的感触来的。

　　本诗诗人以民歌小调的方式，传递着一种任凭岁月淘洗都洗不尽的哀而不伤的秋天诗意。

　　时维八月，望秋之际，是谁在旷野放歌望秋辞？

　　　　秋风响，八月黄

　　秋天的响动，那是秋风在天地间的回响，是季节交替轮回中的一声浓重叹息。秋天的金黄，是麦子的色泽，也是迎来生命成熟后浑圆的光芒。秋天，原是一个有声有色的季节。

草声渐高，埋了织娘

风吹秋草声渐高，有声衬无声。草声埋了纺织娘的琴声，天地陡然间寂寥了，寂寥之中又埋葬了喧嚣，埋葬了热闹。原来秋天，又是一个沉寂的季节。

水洼洗亮了天空

浅云走上高岗

天空倒映在田间的水洼，明净如鉴的水，洗涤了天空，水天相映成趣，天空更亮了。山岗一抹浅云，你看到云的脚步，看到一抹柔情。秋天，原是这样一个透明澄澈的季节。

唢呐抬头吹薄暮

大山抬走夕阳

唢呐嘹亮在黄昏，是夕阳即将落于大山深处，还是大山抬走夕阳？主客转换，化静为动，仿佛看到的是落日的葬礼，听到的是一曲生命的挽歌，对这片土地上逝者最后的送行。秋天，原是一个告别的季节。

月光洗着铁犁铧

行囊，在远方

秋天的夜，沾满泥土的铁犁铧静静地躺在门外，只有那月光，轻轻擦洗着疲惫。辛劳的农人安然入梦，而梦中，是背着行囊，走向远方。远方意味着什么？对远方的渴望，是不是因为这里承载了太多的记忆，让心灵多了些不能卸载的负荷？秋天，原是一个想要远行的季节。

这是一首有意味形式的民间小调，让我们转身回头，望见那秋天明净的忧伤。乡土，是厚重的。厚重之中，蕴含着一种原始的情结。在静穆的天地间，诗人的动词中跳动着对生与死的思考。"埋了织娘""洗亮了天空""走上高岗""抬走夕阳",每一个动词都是情感的闪烁。远与近的结合,呈现出空阔的生存环境。邈远的长空、高岗、大山,眼底的秋草、水洼、铁犁铧,这就是一个乡土世界。再加上"ɑng"韵一韵到底,其发声特点是开口度大,声音又持续延长,让我们仿佛听到大山深处浑厚的回响。

这是一首纯粹的诗歌,语言直白明了,节奏舒缓悠扬。它可以是一个人的吟唱,也可以是一辈又一辈人传唱着的人生体验及这片土地中滋长的历史与文化。这就是源于民族根脉的作品,在当代仍旧可以开出花来的诗!

春草

杜晓旺

有个女同学叫崔春草

已经六十岁了

每年踏青

都要在野草地上

坐一会儿

草坐在草上

念叨草

命运是随影相伴的朋友
——读杜晓旺《春草》

这是一首看似简单的诗。

"草坐在草上 / 念叨草",特别喜欢这一句,反复读了几次——

或"草 / 坐在草上 / 念叨草",或"草坐在草上 / 念叨 / 草",抑或"草 / 坐在草上 / 念叨 / 草",短短一句,三个"草",反复出现,我也反复变换停顿,读起来总那么别有情致。

但三个"草",又有着不同的指向,颇有些值得玩味。第一个"草",当然指诗歌中的那位名叫崔春草的女同学,第二个"草",是踏青季节相遇的野草地,第三个"草"则是崔春草在草地上念叨着的"草"。显然,这一事实的背后,是藏着诗意的。每个人都可能有自己的理解,我却想到的是命运。

我是相信命运的,甚至相信,当我们有了姓名,有了来到这世上的第一份馈赠的时候,命运就和你紧紧纠缠了。姓名,其实是命运的标签,或者说是命运的名片,命运以父母寄望的方式为你赐名,也就为你烙上鲜明的印记。

能以"春草"赐予女儿为名,父母或是有些文学浪漫气质的。化用谢灵运"池塘生春草,园柳变鸣禽"诗句,自有一派浓郁而又清新自然的春意。一如古诗的"青袍似春草,草长条风舒",江淹的"春草碧色,春水渌波",李白的"燕草如碧丝,秦桑低绿枝",欧阳修的"春入河边草,花开水上楂",都是春天铺天盖地的底色,都是春天流淌的绿。

当然,能以"春草"赐予女儿为名的,也可能就是田间的农夫农妇,常年在田野耕作、生活,那一片春草的绿,可以让他们在简单的生活中倍增活力,他们也期待自己的女儿,就是如此单纯,如此生机盎然。

诗人也好,农人也罢,都是真正热爱自然、崇拜自然的,当然也就希望自己的女儿属于自然,属于一种不被雕琢的美。但是,草又是极为普通的,不是国色天香,不是暗香浮动,不是姹紫嫣红,也不会招蜂引蝶。这合起来,也许就是命运的寓意——崔春草,一个普通的自然的女儿。

崔春草已经六十岁了。一个甲子,她的人生是怎样的人生?诗人没有说,只是这样写道:

　　每年踏青

　　都要在野草地上

　　坐一会儿

　　草坐在草上

　　念叨草

每年都踏青,那份文艺气质,或是那对自然的钟情,显然是骨子里洗不掉的痕迹。我们可以想象,六十年,也许她也曾相信"我命不由天",抗争过,但属于她的命运一直和她相伴,让她就像一株春草,朴实地走过华年。每年都要在野地上坐一会儿,她和草有着一份天缘,有着一份亲近,有着日渐深厚的情谊,就像命运,可能最初是你竭力想要

命运是随影相伴的朋友——读杜晓旺《春草》

挣脱的咒语，但最终我们都和命运和解，命运也最终成为你一生随影相伴的朋友。崔春草，她坐在草上，念叨草，也念叨着她和草之间的秘密，念叨着走过的嫩绿、翠碧、发黄的大半生，念叨着命运。

  有隐喻之意的诗歌其实是一把密码锁，我不敢说破译了文字背后的密码。这首小诗，可能还有更多的意味，甚至诗人所想与我的解读，根本就不在一个频道上。但我阅读，我说服了自己，这就是阅读带给我的审美愉悦。就像命运是神秘的，但有些时候，我们真的可以和命运席地而谈。

新疆的棉花

安若

新疆的棉花很白

白得像天空的云朵

天空的云朵也没有

新疆的棉花白

说这话时

我想起了蒙着红头巾

在棉田里低头拾花的干红

她正大声地和她的好朋友杨兴花

讲着别人听不懂的维吾尔语

忽然来了一阵大风

把她们的话全刮跑了

暖若安阳，盎然生机
——读安若《新疆的棉花》

很少从诗人名字切入，去品读诗人的诗歌，我一直认为那样会有些牵强附会。但读安若的诗，我首先为之一动的竟然是诗人的笔名——安若。大脑里止不住地跳出许多成语——"安贫若素"是面对困境的节操，"安然若素"是与世界相处的心境，"安若泰山"是睥睨红尘的气度，"安般兰若"则是空山禅定的境界。"安若"是静谧也是朝气，是旷达也是傲岸。能以此为笔名的诗人，至少让我们看到了诗人的追求是高情迈俗的。品读她的《新疆的棉花》，我突然又想到"暖若安阳"这一词语，盎然生机便在字里行间温暖开来。

"新疆棉花"一度成为热搜词语，看着这个标题，原以为诗人也想对政治话题展开一番演绎。读完诗歌，才发现此诗带给我们的，是这般无与伦比的美感体验。

"新疆棉花"事件，给我们普及了区域地理的知识，那就是新疆呈碱性的土质、昼夜温差大的夏季、充足的阳光、充分的光合作用等等得天独厚的自然条件，让新疆棉花成了优质棉。

但是诗歌不是科普文，诗歌是感性的、充满灵性的，是富有美感的。因为诗人善于将视听结合起来，从视觉和听觉两个角度，相辅相成，相互衬托，使其所描写的"新疆的棉花"具有了立体感，让读者身临其境。

> 新疆的棉花很白
>
> 白得像天空的云朵
>
> 天空的云朵也没有
>
> 新疆的棉花白

开篇这般的儿童语，这般的朴实无华。近乎稚嫩的比喻，"喻中有比"的较喻也这般孩子气。恰是这番孩子气的句子，在我们眼前呈现的是蓝天、阳光映衬下的"白"，白得这般干净，像孩子的肌肤。

优秀诗人是具备构图天赋的。当你正想揶揄诗人的肤浅时，蒙着红头巾的维吾尔族姑娘从诗人笔端走来。她们"在棉田里低头拾花"，他们在劳动中大声交谈。最妙的是姑娘的名字，一个叫"干红"，洋气得让你沉醉；一个叫"杨兴花"，土气之中又让你嗅到田间独有的芬芳。

这视觉，你不再感到单调，而是如此富有生机与活力。且慢，诗人是造景的高手。维吾尔族姑娘在风和日丽的棉地里大声说话，讲着别人听不懂的维吾尔语。用属于自己的母语大声交谈，就是毫无掩饰的自在，就是一种原生态的曲风。我们可以想象，她们谈论着女孩儿心事，说着对幸福生活的向往。当我还在听觉的舒适感中徜徉，没想到诗人诗笔一转——

> 忽然来了一阵大风
>
> 把她们的话全刮跑了

大风吹得头巾飞扬，吹得棉朵摇曳，吹得姑娘的话飞向远方。天空听到了，白云听到了，大地听到了，一望无垠的棉地中每一朵棉花听到了，心爱的人儿听到了！

视觉的美感与听觉的美感水乳交融,现实的场景与想象的空间交互延展,静态感受升华成动态感知,其趣味性、表现性及感染性都灵动起来,构成高度完整的艺术表达认知,无限扩展着诗歌的张力。

我没去过新疆,但一首小诗,已让我走进了美丽的远方!

请把文字翻译成花

阿楚

时间被竹叶切成优美的碎片

安静是一尊精致的太湖石

陡峭的山峰劈开日与夜

黄昏时分，诗人变成蝴蝶飞走了

出自性灵者为真诗尔
——读阿楚《请把文字翻译成花》

有些诗一读即懂，有些诗深邃难会。阿楚的《请把文字翻译成花》一诗，显然属于后者。初读此诗，一时难以言状；细读之后，恰如清冽春酒，细腻丰润。

元好问欣赏李商隐晦涩难懂的诗歌，一句"诗家总爱西昆好，独恨无人作郑笺"，是对易山惝恍迷离的无题诗的总结性评语，也告诉读诗者，易懂不是诗歌价值的判断标准，难懂并不能否认诗歌之"好"。就个人所好，我认为诗之上品，是值得你把玩鉴赏后灵光一现，让你有所顿悟的作品。

所有的顿悟来自智慧，甚至是源于天性的，即所谓的"慧眼""慧心""悟性"。而这种天性，几乎决定了你能不能成为独具性灵的诗人和能心领神会的读者。只可惜我们有时注定了"基因缺失"，只能努力着慢慢靠近他们，虽然我知道诗和努力勤奋并无太多关联。

但我喜欢用自己的方式去读诗，哪怕可能一次次误读。我就这样走进了阿楚的《请把文字翻译成花》，并将它理解为诗人在写自己写诗的微妙体验。

记得性灵说代表诗人袁枚曾说"一切诗文，总须字立纸上，不可字卧纸上。文字就其本身是符号工具，它们就那么静静地卧在纸上。而有性灵的诗人则要将这些文字唤醒，复活，使其焕发生机与美感。"请把文字翻译成花"这一诗题，本身就妙不可言。"译"是一种转换，

"花"是怒放的生命。我们写诗,不就是让所有的文字开出花来吗?诗人的使命之一就是让文字氤氲出来自心灵的花香!

生命从某种意义上说是时间的馈赠,时间从本质上是一片混沌,是一个个瞬间绵延成的永恒。诗人面对时间,不是去丈量时间的长度,而是捕获分分秒秒间的美好。"时间被竹叶切成优美的碎片",是一个化无形为有形的妙喻。竹叶,是一把青翠纤细又不失锋利的刀,切割着时间。漫长的时光可能是无趣的,但优美的时光碎片就能贮藏人生之诗意。诗歌,是时间森林中采撷的一抹青绿。若无性灵,怕是只能说时光如水,却道不出时光蕴含的那份哲思。

"安静是一尊精致的太湖石",诗句再次以暗喻的方式,写诗人在独处时光的静穆之美。据说太湖石是将所选石材先"雕置于急水中舂撞之,久之如天成,或以熏烟,或染之色",最终成为形奇色艳、纹美质佳、灵秀飘逸、浑厚古朴的观赏石,令人赏心悦目,神思悠悠。精致的太湖石,就是诗人的作品,是历经了岁月淘洗后的端庄与美丽,是丰盈心灵中那份静谧与安详。

人生不是时间线性位移,也会有排山倒海、惊心动魄的壮美。"陡峭的山峰劈开日与夜",这是时间之中的空间之美。正如杜甫笔下"吴楚东南坼,乾坤日夜浮"的气势,诗人是胸怀宇宙的。诗人傲岸的身躯就是那"陡峭的山峰",划破了日夜。"劈开"是力量,是激情,是对抗后胜利的狂放。此刻,我眼前浮现的竟是"我本楚狂人"的李白,心中澎湃着无羁的浪漫。诗人的性灵是水,水可静若处子,也可惊涛骇浪,浪花就是诗人卷起的千堆雪,就是笔尖喷涌的诗。

气象万千之后,"黄昏时分,诗人变成蝴蝶飞走了"。心灵渐渐缥缈,性灵翩若蝴蝶。这是庄周的蝴蝶,似幻似真,逍逍遥遥于黄昏之中。这也是破茧的蝴蝶,完成了从人到诗人的涅槃,飞到时间更远的远方。邂逅又一场春暖花开,那是精神抵达更高的境界。

出自性灵者为真诗尔——读阿楚《请把文字翻译成花》

四句妙语,就这样串联成一首好诗,蒙太奇似的镜头转换,却构成一个浑圆的整体,其圆心是诗心。本诗也是一幅极具美学意味的组图,宣纸上流淌着诗人独有的性灵。

本诗尤见诗人功底。袁宏道"性灵说"主张,性灵之诗,"境所偶触,心能摄之;心所欲吐,腕能运之"。运笔即创作,创作则要不拘一格。本诗不拘一格体现在妙手偶得的新鲜比喻,带给我们更多可能性的猜想和更丰富的美感。动静结合的处理,也让诗歌更加鲜活丰盛!

"出自性灵者为真诗尔。"就让我们都铺开生命的稿笺,饱蘸性灵的墨汁,挥毫便是文字绽放的花!

何以解忧

荒雨

今天
上课讲曹操的
《短歌行》
读到
"何以解忧,唯有杜康"
禁不住舔了舔嘴唇
最近胃溃疡
已经
好久没喝酒了

寻找更适合自己的诗歌表达方式
——《何以解忧》创作谈

我的一首口语小诗《何以解忧》，得到诗社的推荐，甚是欣慰。

从十一二岁开始写诗，一直寻找着自己想要的诗歌最佳表现形式。写过律诗绝句，音律之美，口留余香。但自己才疏学浅，不通音律平仄，也就少写甚至不写了。读高中，迷上了现代抒情诗，家里满书柜都是艾青、徐志摩、戴望舒、卞之琳的诗集，自己也创作了很多诗歌，也常常为自己的一些偶得诗句而陶醉。再后来，读了大学，正逢朦胧诗歌盛行，也自然爱上了舒婷、北岛、顾城，他们的很多经典诗作我至今都能背诵，我的诗作也开始见于省州报端。但我一直觉得，我的很多诗，不是流淌出来的，而是做出来的。过段时间再读，有味同嚼蜡之感。后来遇上艾略特、里尔克，遇上庞德、波德莱尔，读他们的诗歌，犹如一股冲击波，粉碎了我唯美的诗歌之梦。写诗写得少了，更多的时间则是去阅读大量诗歌理论著作。工作后，因现实需要，我也写大量的应景之作，这些作品，也常成为当地各类晚会的朗诵作品。当身边的很多人都称我为诗人时，我却常为之汗颜。毕竟，这些铺排渲染、激情澎湃之作，在我的认知里，算不上是诗，至少不是我一直在苦苦追寻的"缪斯"的声音。

年届知命之年，读到伊沙、刘傲夫等诗人的口语诗，起初觉得新鲜，之后也曾觉得简单，慢慢品读后，才发现很多诗作带来的是内心的震撼。这些口语诗，不是口水诗，而是对平实生活语言的提纯，是以最简洁又最巧妙的叙事，直抵人生的腹地。正如徐江《论现代诗与口语》中所言："诗歌中的口语不是生活口语的原样，它们永远要经过作者天赋和其诗歌美学的剪辑与润色。"

半生爱诗，半生写诗，才发现口语诗具有别样的魅力。这种表达方式，和其他所有类别的诗歌一样，拥有属于自己的光泽。而且，口语诗在当代文化语境下，可以更率真、更直接、更有力地表达自我的存在与思考。

于是读着优质的口语诗，我再次提笔学着写，试着写。写作中也才发现口语诗创作更高的难度。生活中的披沙拣金、智性的审视、叙事的设置、语言的简约，这些都是创作的挑战。而我，愿意接受这种挑战。就像所有笔耕文字世界的人一样，都有属于自己钟爱的写作形式，我愿意用口语诗，成为我和自己、我和世界的又一种对话方式。

跳不出诗人伊沙的磁场

——写诗感悟

儿子高考结束,我们一家人就开始了暑期旅行。驱车几千公里,来到青海湖,看青海湖日出便是免不了的一个盛大仪式。

作为父亲,自当是孩子的精神导师。我真心期待能在欣赏宏伟奇观时,可以让刚从考场下来的儿子,在喷薄日出的壮景中给心灵注入再出发的力量。头一天晚上,我特意重温了巴金的《海上日出》、刘白羽的《日出》,又诵读了我一直十分喜欢的俄国自称为"太阳的歌手"的诗人巴尔蒙特的《我来到这个世界为的是看太阳》,甚至还记起了赵匡胤的"一轮顷刻上天衢,逐退群星与残月"的豪迈诗句。

清晨5点,闹钟叫醒了我,我也迫不及待将儿子叫醒,一同来到青海湖畔。不得不说,海拔三千多米的地方,即便是盛夏,这晨风也十分刺骨。忘了带厚衣服的我们,便在风中瑟瑟发抖。而当太阳跃出湖面的那一瞬间,我本该以最帅的姿态拥抱太阳,本该带着儿子像刘白羽一样进入一种"庄严的思索",体会着"我们是早上六点钟的太阳"这一句诗中那最优美、最深刻的含义,本该高声吟诵——

    我来到这个世界为的是看太阳,

    而一旦天光熄灭,

    我也仍将歌唱……

我要歌颂太阳，

直到人生的最后时光！

可是，抗拒不了的冷，让我知道，我所有的抒情都会显得那么矫情，所有的诗句都抵不过一件大衣的温度。

回到宾馆，蜷缩在被窝中回暖后，我即兴在手机上涂鸦一首口语诗——

青海湖看日出

清晨5:00

将儿子从被窝中拎出来

我们在青海湖边

在刺骨的风中

等待日出

当远远的湖面

跳出那一轮火球

我本想以最帅的姿势

致敬太阳

本想诵读在昨晚为儿子

早已准备好的

经典名篇

可是

我冷得牙齿打战

好不容易

蹦出几个字

> 啊
>
> 啊啊
>
> 好
>
> 好
>
> 壮观

今天，在整理旅行感悟时，再读到这首诗，我不禁笑了。尽管口语诗很多都来自生活的现场，是"在场"的写作，是关于生活片段的最真实也最朴实的叙事，但我总觉得这首诗，有种似曾相识的感觉。

突然想起年轻时读到的让我眼前一亮、心头一震的诗歌，那是诗人伊沙的《车过黄河》：

> 列车正经过黄河
>
> 我正在厕所小便
>
> 我深知这不该
>
> 我应该坐在窗前
>
> 或站在车门旁边
>
> 左手叉腰
>
> 右手作眉檐
>
> 眺望　像个伟人
>
> 至少像个诗人
>
> 想点河上的事情
>
> 或历史的陈账
>
> 那时人们都在眺望
>
> 我在厕所里

> 时间很长
>
> 现在这时间属于我
>
> 我等了一天一夜
>
> 只一泡尿工夫
>
> 黄河已经流远

记得一些人将这首诗称为"文化垃圾",甚至因对崇高的解构,该诗被视为是对神圣母亲河的亵渎。而它也得到很多人的喝彩,包括我,认为作为人,首先应对自我生存予以关注。"这时间属于我",人有三急,当"我"急于撒尿时,"我"真的没法肃穆起来,去迎接和完成一种仪式。

当然,拙作自不敢与大师的杰作相提并论,我,一介口语诗的业余爱好者,与伊沙相比,那真是难以望其项背的。而我也渐渐了悟到,别人的一首好诗,无论你在何时何地与之相遇,就必将惊鸿一瞥后深入你的骨髓,成为一种不可逆的审美。写诗的人,本该竭力规避拾人牙慧,甚至不要与他人的诗作有相似的构思。但是,我们又不得不承认,我们可能会在不觉中,因钟情一种美,渐渐让那一种美,浸润自身后成为你潜意识中无法剥离的存在。

记得《唐之韵》中有这样一段解说词,说宋朝以后的诗创作,都极力想跳进唐朝的磁场却无从着手,或是极力想跳出唐朝的磁场却又无能为力。那可不可以这样说,伊沙的口语诗,已构筑成一个强大的磁场,我们在赓续口语诗创作时,是不是早已因心动而入其磁场,却又难以找到一个出口呢?

或许这就是现代口语诗的困境。前些天,读到诗人赵克强写给伊沙的诗——

"今天 3 月 26 号

也是海子忌日"

在昨晚的"长安诗人今何在"诗会上

伊沙说"不管我

喜不喜欢海子

还是海子喜不喜欢我

如果他在天有灵

我想

他肯定也希望中国诗歌

越来越好

不要死在他身上"

伊沙这番话，让我们看到的是诗人的胸襟，是行走在中国诗歌大地上诗人的情怀。伊沙以"远离虚假抒情与过度抒情"为主张，跳出了海子的"麦地"，让我们读到了更多走向现实的、变得清醒的、富有现代气息的"本质的诗"。那么，我们是否又能跳出伊沙的"黄河"呢？

怕这需要很长的时间，因为这么多年了，还有很多的人，甚至没有跳出"意象"的圈儿。

写诗的一点感悟，啰唆至此。继续写吧，用诗歌写我们实实在在的生活！

后记

口语诗：谁在起哄，谁又在歌唱

读现代的口语诗，很容易上瘾。

也许是快节奏时代，更喜欢口语化简洁的表达；或是好的口语诗内涵极深，更能让内心有电击的痛感；又或是现代很多诗歌，是经过提纯后的高浓度酒，让我们可以慢慢品鉴。

继而，加入了傲夫诗社，认识了更多致力于口语诗写作的人。应该说，是有幸结识了更多像傲夫一样致力于探索口语诗的诗人。于是，我只想凭着我对诗歌的理解，去写诗评，也尝试着创作属于我的口语诗。

亲人们朋友们同事们便无不关切地对我说，安心做好你的教育工作，干吗跟风？但我认为，教育之外，我也可以是一名诗人，可以是一名冠以自己姓名的诗人，爱着我爱的诗歌。

爱上口语诗，和爱上春天一样；爱上刘傲夫们的口语诗，和爱上一切值得爱的事物一样。这些诗歌可能暂时不能让更多的人一见倾心，可能暂时不能让一些人获得顿悟后的身心愉悦。且不说"爱是一种能力"，但是，我坚信没有谁能妄断口语诗就不是诗，没有谁能螳臂当车，也没有谁能怀疑口语诗已构建出属于自己的艺术王国。因而，我们也有理由相信，从这一艺术王国中，可能将诞生新时代李白、杜甫，诞生中国的莎士比亚、艾略特，可能诞生自成一家、自有风度的王。

后记

突然想起第一次偷偷听邓丽君的歌。老师说家长说更多的人说那是靡靡之音。当大家都在起哄都在摒弃都在禁止时，我却固执地认为，那是美好的歌唱。而当这些所谓的靡靡之音最终唱遍大街小巷，人们也就将这些低吟浅唱之作视为流行歌曲的经典。第一次听到崔健的摇滚，我可以感动得热泪盈眶，在深夜听着《一无所有》，我会失声痛哭，可当初又有多少人在起哄这不是音乐。再后来，说唱，黑嗓……再后来很多曾经被起哄得体无完肤的东西，最终又都成为一种潮流，成为一种征服人心的艺术。

诗歌不也遭受同样的命运？《诗经》中的"郑卫之声"，也曾被主流文化嗤之以鼻，而最终穿越历史的尘埃，成为中国民歌的典范。胡适倡导的白话诗，不也曾让那些平平仄仄的诗人们笑掉大牙，可如今《尝试集》不也开创了中国现代诗歌的先河？想当初一代青年诗人高举朦胧诗大旗，横扫中国诗坛，不也有"杞人忧天"的起哄吗？至今人们却将"舒婷""北岛""顾城"奉为诗坛领袖。再后来，乌青体，梨花体，再后来，余秀华，刘傲夫，一些人似乎又找到起哄的对象。再后来呢？

再后来诗歌依然不死，诗人们仍将选择自己的方式歌唱！

美国当代著名诗人马克·斯特兰德曾说："听众打扰不了我。我不相信诗歌是为每一个人，正如烤猪肉是为每一个人。诗歌是有要求的。它要求花一段时间习惯，一段入门时间，只有那些愿意下功夫于此的人，才能从诗歌中真正得到东西。不，缺少听众打扰不了我。"是的，起哄是热闹的浅薄，起哄打扰不了诗人孤独的飞翔，打扰不了生命的歌唱！

2023 年 8 月